国家自然科学基金青年基金项目"适婚人群性别失配背景下的婚配竞争与
住房市场：传导机理、跨层测度与时空演变"（71904112）

性别失配背景下婚配竞争
对住房市场的影响研究

Research on the Influence of Mating Competition on Housing Market in the Context of Gender Mismatch

李 斌 等著

中国财经出版传媒集团

经济科学出版社

Economic Science Press

图书在版编目（CIP）数据

性别失配背景下婚配竞争对住房市场的影响研究/
李斌等著．－－北京：经济科学出版社，2022.11
ISBN 978－7－5218－4157－2

Ⅰ．①性…　Ⅱ．①李…　Ⅲ．①婚姻－影响－房地产市
场－研究－中国　Ⅳ．①F299.233.5

中国版本图书馆 CIP 数据核字（2022）第 199762 号

责任编辑：于　源　冯　蓉
责任校对：王苗苗
责任印制：范　艳

性别失配背景下婚配竞争对住房市场的影响研究

李　斌　等著

经济科学出版社出版、发行　新华书店经销

社址：北京市海淀区阜成路甲 28 号　邮编：100142

总编部电话：010－88191217　发行部电话：010－88191522

网址：www.esp.com.cn

电子邮箱：esp@esp.com.cn

天猫网店：经济科学出版社旗舰店

网址：http://jjkxcbs.tmall.com

北京密兴印刷有限公司印装

710×1000　16 开　12 印张　203000 字

2022 年 12 月第 1 版　2022 年 12 月第 1 次印刷

ISBN 978－7－5218－4157－2　定价：50.00 元

（图书出现印装问题，本社负责调换。电话：010－88191510）

（版权所有　侵权必究　打击盗版　举报热线：010－88191661

QQ：2242791300　营销中心电话：010－88191537

电子邮箱：dbts@esp.com.cn）

前　言

近年来房价在高位波动已成为中国最重要的经济和社会现象之一，这种状况对经济稳定和民生改善都产生了不利影响。虽然国内外学者已从经济、金融、土地等因素入手进行剖析，但是该问题并没有得到很好的解释和解决。从"房市有价，真情无价""爱她，就给她一个家"等广告语中不难看出，婚姻市场中"婚"与"房"似乎有着某种内在联系，这种关联很有可能是当前住房市场运行规律剖析和发展趋势预判的关键，而这恰恰是当前研究缺失的一环。因此，关于婚姻缔结与住房市场的关系研究不能止于对"丈母娘效应"的浅层描述，而应将其置于住房市场运行规律研究的链条之中，深入揭示隐藏在现象背后的机理，从而对二者的传导原理做出本质性解释。基于此，本书以婚姻市场中青年群体的婚配竞争与住房市场关系的传导机理、跨层测度与时空演变为逻辑主线，按照宏微互融、非线性技术、时空复合的三维分析方案，将理论研究和实证分析、传统方法与现代技术结合起来，以笔者主持的国家自然科学基金青年基金项目"适婚人群性别失配背景下的婚配竞争与住房市场：传导机理、跨层测度与时空演变"（项目号：71904112）为基础，同时融入了笔者近年来发表的相关学术论文，深刻揭示了性别失配背景下婚配竞争与住房市场之间的本质联系，并适时地提供了科学的住房和人口管理规划依据，以及投资消费决策参考。这些探索性工作对于民生改善、社会和谐、推动高质量发展等都是有益的。

本书的内容总共分八章，包括：绪论（第1章），基本理论与国内外研究综述（第2章），研究主体（第3~7章），结论与展望（第8章）。其中，研究主体又分为四部分：第一，婚配竞争对住房市场的作用路径和作用形态研究（第3章、第4章）；第二，婚配竞争对住房市场的空间溢出效应研究（第5章）；第三，婚姻挤压对住房价格的影响研究（第6章）；第四，婚配竞争压力对家庭住房消费的影响研究（第7章）。上述研究工作有助于完善住房市场动因分析理论体系；有助于政府部门把握市场运行规律，出台有效、精准的住房调控政策；有助于企业了解购房者特别是"刚需"群体的消费意愿和行为决策，帮助企业提升竞争实力；有助于消费者科学决策、理性消费，实现婚姻家庭与住房市场的相互支持与良性互动。研究工作对于缓解"婚""房"矛盾，提升青年及其所在家庭幸福感，对于构建和谐社会、实现"美好生活"等都具有重要的理论和现实意义。

与别的相关著述相比，本书的特色和主要贡献体现在：第一，将婚配竞争纳入住房市场影响因素体系，并对二者的传导机理进行深入解析。从适婚人群性别失配背景下的婚配竞争这一新视角入手，以宏观—微观层次连接、时间—空间维度延展为分析方案，在构建"婚""房"传导机理模型的过程中厘清婚配竞争对住房市场的作用路径，并综合运用多种计量方法定量刻画二者的内在关联。第二，剖析了婚配竞争与住房市场关系的时空演变规律，并结合中国的现实问题提出针对性的解决对策。通过时间—空间的探索性数据分析和异质性解析，集合政府、房地产企业、适婚人群决策中的现实问题，在每一个研究专题最后提出解决对策，一定程度上弥补中国婚姻与住房市场研究的重要缺口。第三，给出了城市层面婚配竞争和婚姻挤压，以及家庭层面婚配竞争压力的表征及测度方法。构建了能恰当反映我国现实的城市层面婚配竞争、婚姻挤压、家庭财富代际转移、父母利他行为能力，以及家庭层面婚配竞争压力等变量的评价指标体系，利用多源数据实现对上述变量的科学测度，捕捉适婚人群的切实"痛点"，为经济学、人口学的交叉研究提供了测度方法和理论借鉴。

本书的完成得到了国家自然科学基金青年基金项目（71904112）的资助，得到了众多专家学者、领导同事和亲朋好友的热情指导和帮助，在此表示真挚的感谢。衷心感谢导师张所地教授，张老师对本书的研究工作进行了精心指导，使研究内容更加丰富扎实。衷心感谢郭明杰（第2章、第4章、第5章）、任津汝（第7章）、蒋娟娟（第3章）、张越（第2章、第6章）四位同学在本书相关章节研究中的贡献。衷心感谢孙国强教授、程维虎教授、闫绪娴教授、韩克勇研究员对本书研究工作的指导和鼓励；衷心感谢同门赵华平、吉迎东、范新英、王荣、谭立元等在本书写作过程中给予的帮助和建议；衷心感谢田秀林、孟宏玮、罗佳芳等同学对本书形成所做的工作。此外，全书引用了国内外很多已有成果，笔者尽可能都标注清楚，但难免有疏漏之处，在此对作者一并表示衷心感谢。

　　本书可作为房地产行业从业人员和研究者的工作参考用书，也可作为高等院校房地产开发与管理、公共事业管理、社会学等专业本科生的教学参考。最后需要说明的是，由于笔者水平有限且时间仓促，书中难免有不妥之处，敬请读者批评指正。

李　斌

2022 年 7 月于龙城

目　　录

第 1 章

绪　　论

1.1　研究背景与意义

1.1.1　研究背景

在中国社会，传统的男孩偏好导致的性别失衡问题一直是各界关注的热点之一。国家统计局数据显示，2017 年我国 15～34 岁人口的性别比例为107. 26（女 = 100），未婚人群的性别比例高达 144. 46（女 = 100），男性占59. 09%，女性仅占 40. 91%。到 2019 年，我国未婚人口男女性别比例继续走高，达到了 152. 95（女 = 100）。第七次人口普查数据显示，我国男性总人数比女性多 3 490 万，出生人口性别比达 111. 3 （女 = 100）[①]。由此可见，性别失衡带来的最为直接的后果就是婚姻市场中男性的大量过剩，即适婚人群的性别失配。然而，这种现象在我国具有典型的城乡差异。农村有大量过剩男性集中出现，有的甚至形成"光棍村"，表现为一种"婚姻挤压"现象。城市虽有"大龄剩女"存在，但研究显示，这主要是部分学历和职业条件较好的女性择偶时筛选条件过多（易松国，2008）。目前，城市中男性成为"剩男"的可能性依然高于女性（章逸然等，2015），且社会的传统和

---

① 资料来源：《我国人口发展呈现新特点与新趋势——第七次全国人口普查公报解读》，http：//www. stats. gov. cn/xxgk/jd/sjjd2020/202105/t20210513_1817408. html.

1

现实是，夫妻双方存在婚姻梯度，女性以向上成婚为主流成婚策略，男性需通过条件改善来获得优质婚姻配偶，表现为一种"婚姻匹配竞争"现象，即适婚男性在婚姻市场为了获得婚姻配对机会，同性之间形成的一种竞争状态。鉴于该现象，在极具竞争性的婚姻市场，适婚男性会采用各种手段来提升其竞争力。此时，住房已经不再是简单的消费品，而是逐渐演变成为财富、身份的代名词，其附加属性更是受到适婚人群的关注。

中国人自古就有"筑巢引凤"的观念，体现出实现"安居梦"对于适婚男性的重要意义。同时，住房作为一种身份的"镜像"，可以帮助适婚女性及"丈母娘"大致判断某个男性处于何种阶层之中，因此也成为反映男性品质的外部符号象征。在这种观念影响下，条件优越的男性得以通过住房与其他男性区分开来，曾经的"天作之合"，也被丈母娘们逐渐演绎成了"房作之合"。这一现象被百姓们戏谑地称为"丈母娘效应"。那么，男性在婚恋过程中的竞争行为，是如何传导至住房市场的？如何测度其对家庭住房消费和市场运行的外溢效应？在时空维度上又表现出怎样的格局和演变特征？这些问题亟待学术界的关注与研究，以此作为住房市场调控、人口发展规划和投资消费决策的参考依据。

2016 年中央经济工作会议及 2017 年党的十九大报告均已明确提出"房子是用来住的、不是用来炒的"的定位。从这一意义来看，住房问题属于我国重大经济问题范畴，必须对住房市场发展规律进行系统性研究。同时，我国日益加剧的婚配竞争中婚房竞争的不良风气也日渐盛行。该种社会现象的负面影响可能会通过转移由社会上的弱势群体承受，这将加重社会的不公平，甚至可能激化社会矛盾，最终影响家庭组建与社会和谐。因此，婚姻市场与住房市场的关系问题是广大青年家庭实现"安居梦"和构建和谐社会所必须重视的问题之一。对上述问题进行探索性解答对于民生改善、社会和谐、推动高质量发展都是必要和重要的。

本书立足于以上背景，以城市婚姻市场和住房市场为研究范畴，将理论研究和实证分析、传统方法与现代技术结合起来，通过探索城市适婚男性为了获得婚姻配对机会而提高自身效用时，由同性之间的竞争行为产生的对住房市场运行的影响，来揭示婚配竞争与住房市场的本质联系，并对现实生活中"高房价""调控效低""婚房竞争"等现象给出新的解释和解决手段。

1.1.2 研究意义

本书是笔者主持的国家自然科学基金青年基金项目"适婚人群性别失配背景下的婚配竞争与住房市场：传导机理、跨层测度与时空演变"（项目号：71904112）的主要研究成果。本书以信号理论、房地产经济学、婚姻匹配理论、人口经济学等理论为指导，在适婚人群性别失配背景下探讨了如何将行为因素与经济因素结合起来，揭示了婚配竞争与住房市场之间的本质联系，并适时地提供了科学的住房投资、消费决策依据与宏观调控手段。研究意义包括以下两个方面。

理论方面：第一，有利于完善住房市场动因分析理论体系。通过婚配竞争对住房市场传导机理的分析，在理论上阐释了"丈母娘效应"的产生和作用，开辟住房市场影响因素研究的新视角，完善了住房市场动因分析理论框架，同时也丰富了婚姻匹配相关理论研究。第二，使用世代交叠模型框架下的贝尔曼方程分析法探究婚配竞争与城市住房价格的关系，不仅拓展了关于婚姻市场与住房市场联结的现有理论模型，还丰富了宏观经济学、房地产经济学、人口经济学和运筹学交叉领域的理论研究。第三，揭示了家庭财富代际转移和父母利他行为能力在婚配竞争影响住房市场中的重要作用，为进一步应用财富代际转移相关理论探究婚姻市场与住房市场间的内在联系提供了文献支持。第四，给出了婚配竞争、婚配竞争压力、婚姻挤压、家庭财富代际转移、父母利他行为能力等变量的量化方法，为经济学与人口学的交叉理论研究提供了测度方法和理论借鉴。

实证方面：第一，利用机制检验、空间计量、非线性技术等厘清婚配竞争对住房市场的影响机理，为住房市场主体投资消费决策提供科学参考；第二，通过对不同地理区位和不同规模城市婚配竞争与住房市场关系的对比分析，勾勒出二者关系的空间格局，为我国城市因地制宜地制定住房与人口管理政策提供事实依据；第三，通过从微观家庭角度剖析婚配竞争对家庭住房消费的作用效果，对"婚房竞争"现象给出更符合实际的解释，也为解决高房价问题提供思路。

1.2 研究目标与内容

1.2.1 研究目标

婚配竞争驱使"婚房竞争""无房不嫁"等风气盛行,其负面影响众多,小至阻碍家庭组建,大至激化社会矛盾,任其发展会影响社会和谐稳定。本书基于这一事实,以中国情景下的"婚"与"房"的本质联系为研究对象,系统性地考察了婚配竞争与住房市场的传导机理与现实关系形态,以期为政府、企业、购房者提供科学的决策参考。具体研究目标如下。

第一,破解婚配竞争对住房市场的传导机理。在婚姻决策分析过程中,将婚配竞争引入世代交叠模型下的贝尔曼方程分析框架,构建出含有家庭代际转移和父母利他行为能力的婚配决策模型,以及"有无住房信号、男女均衡失衡双重对照的婚姻匹配模型",厘清"婚"与"房"的内在关联,从理论上回答"丈母娘效应"是否是高房价的重要原因,完善具有中国特色的住房市场影响因素理论体系,希冀为不动产理论发展做出贡献。

第二,探索婚配竞争与住房市场在家庭和城市两个层面的数量关系及时空演化规律。在宏观城市层面,利用290多个地级及以上城市的统计数据分析婚配竞争及婚姻挤压对城市住房价格的影响及时空演变特征;在微观家庭层面,利用CFPS微观数据分析婚配竞争压力对家庭住房租购决策、购房意愿和住房类别选择的影响。研究工作为家庭合理消费、企业战略制定、政府精准性调控、人口发展规划制定等提供参考和依据,以回应住房市场主体一线实践的迫切需求。

1.2.2 研究内容

本书针对婚配竞争和住房市场的关系进行了系统的理论与实证分析,全书分为8章,具体内容安排如下。

第 1 章是绪论。主要介绍了研究背景，研究意义，研究目标，研究内容，主要创新点，技术路线和研究方法。

第 2 章是基本理论与国内外研究综述。主要从婚配竞争、住房价格两个方面对本书涉及的基本概念、理论进行了阐述，并对国内外相关研究成果进行了归纳与评述，为后面提供了研究思路，奠定了理论基础。

第 3 章是婚配竞争对住房市场的非线性作用研究。利用修正的 Spence 信号传递模型剖析了婚姻市场的匹配竞争与住房市场的内在关联；在此基础上，使用我国省级面板数据进行了面板门槛模型的估计，对理论分析结果进行了验证。

第 4 章是婚配竞争对住房市场的作用路径研究。在世代交叠分析框架下利用贝尔曼方程分析法得到了含有家庭财富代际转移的婚配竞争与住房价格的关系模型；以中国地级市面板数据为基础，检验了婚配竞争对住房价格的传导机制及家庭财富代际转移、父母利他行为能力在其中的作用；分别按地理区位和城市规模将地级市分类，探讨了婚配竞争对住房价格的异质作用。

第 5 章是婚配竞争对住房市场的空间溢出效应研究。在经典信号理论模型基础上构建了信息不对称条件下双重对照的婚姻匹配模型；以中国地级市为研究对象，采用空间杜宾模型，验证了婚配竞争对本地住房价格的作用及对周边城市的外溢效应；从空间区位和时间演化两个角度出发，在空间联动视角下探讨了二者关系的空间格局及时间演变。

第 6 章是婚姻挤压对住房价格的影响研究。采用改进的方法测度了中国地级市的婚姻挤压水平；运用面板分位数回归方法刻画了不同分位点下婚姻挤压对住房市场的非线性影响；运用探索性空间数据分析和空间杜宾模型方法识别了婚姻挤压和住房市场在空间上的联动响应。

第 7 章是婚配竞争压力对家庭住房消费的影响研究。构建了婚配竞争压力测度体系；利用"中国家庭追踪调查"（CFPS）数据检验了青年的婚配竞争压力对家庭住房租购选择及类别选择的驱动作用；从时间和空间两个维度考察了该驱动作用的时空分异性。

第 8 章是结论与展望。对本书的主要观点和研究结论进行了总结，指出了后续研究的努力方向。

1.3 研究技术路线与方法

1.3.1 研究思路与技术路线

本书在国内外现有研究成果基础上，以信号理论、房地产经济学、婚姻匹配理论、城市经济学、人口经济学等理论为指导，多层次地探讨了婚配竞争与住房市场的关系。总体思路与技术路线为：先理论、再建模、后实证，具体操作步骤与方法如下。

第一步：通过文献法界定了婚配竞争、婚姻挤压、住房价格等关键概念；归纳总结了婚姻市场理论、信号理论、地位寻求理论等基本理论；梳理了婚姻匹配及其社会经济影响、住房市场影响因素、婚姻市场与住房市场的关联等国内外相关研究成果；发展出自己的观点和研究思路。

第二步：采用世代交叠（OLG）分析框架以及动态最优化方法，构建含有家庭财富代际转移、父母利他行为能力的数理模型，阐释代表性家庭在婚配竞争压力之下的消费组合决策及其对住房市场的可能影响；基于信号理论模型，构建"有无住房信号、男女均衡失衡双重对照的婚姻匹配模型"，并从空间联动视角进一步厘清二者的传导路径；基于理论模型和国内外现有研究成果提出研究假设。

第三步：从宏观城市层次出发，以第一步、第二步的理论分析及研究假设为基础，使用国家统计局公布的290多个地级市统计数据①，选取有调节的中介效应模型、面板门槛模型、空间杜宾模型、面板分位数模型等方法进行了婚姻市场对住房市场影响的实证研究。其中，对于婚配竞争、婚姻挤压、财富代际转移、父母利他行为能力等指标的量化，从其内涵出发设计方法进行测度。通过计量经济方法，揭示了婚配竞争与住房市场这两类随机波动序列的本质联系，并对第二步的理论模型进行了修正与完善。从空间、时间等维度比较分析了婚配竞争对住房市场影响的差异性及原因。

第四步：基于微观家庭层次，从家庭先赋性特征、个人自致性特征、人

---

① 书中多处出现地级市统计数据，每章为独立统计，因而略有出入，特此说明。

口结构等层面构建青年婚配竞争压力测度指标体系；利用"中国家庭追踪调查"（CFPS）数据构建家庭住房租购选择及类别选择两类模型，系统性地剖析适婚男青年的婚配竞争压力与家庭住房消费决策间的传导机理与具体联系。

第一、第二、第三步反复循环，直至实证研究结果显示该理论体系及实证结论可以科学合理地表示婚配竞争和住房市场这两类随机波动序列的本质联系，并给出针对性的政策建议。

第五步：总结第一至第四步的研究成果，动态调整并形成反馈，使整个研究体系在应用中不断完善。

1.3.2　研究方法

研究目标和思路的实现依赖于科学合理的研究方法。本书所涉及的主要研究方法如下。

（1）比较研究方法

理论分析时，在信息非对称条件下，比较不同"质量"青年结婚的期望效用，以判断婚配竞争对适婚人群行为的限制或促进作用；比较未发出信号与发出信号两种情形下，适婚人群的个体效用、整体效用与市场剩余，论证发出住房信号即发生住房消费的必要性。实证研究时，比较不同地理区位、不同规模城市中婚配竞争对住房价格的影响有何差异；比较不同时间区间、不同空间区位的城市婚配竞争的空间溢出效应；对比和分析不同房价分位点下婚姻挤压的作用规律；从时间、空间维度比较婚配竞争压力对微观家庭住房消费的不同影响，以刻画婚配竞争与住房市场关系的时空格局及演变规律。

（2）信号博弈分析法

婚姻市场是典型的非对称信息市场，运用信号博弈法可分析适婚人群在不完全信息条件下实现有效均衡的可能策略。在高质男性、女性退出和不退出婚姻市场两种情形下，分析了解自身"质量"的男性如何通过引入信号传递机制，改进男性和女性的匹配收益，并增加整体剩余。在对不同"质量"男性住房消费成本、保留效用等合理假设基础上，分析不同"质量"男性发出不同强度住房信号的成本及匹配效用，从微观层面理清适婚人群的婚配竞争与家庭住房消费之间的因果关系。

（3）贝尔曼方程分析法

基于贝尔曼方程的动态最优方法，构建分析婚配竞争与住房价格关系的数理模型，通过数理推导论证婚配竞争影响住房价格的传导机制。

（4）计量经济模型法

①城市层面：在不同问题情景下选用普通面板数据模型、中介效应模型、有调节的中介效应模型、面板分位数模型、面板门槛模型、空间杜宾模型等计量方法，验证了变量间的内在联系，识别了变量间的传导路径，并能从空间、时间等维度给出差异化的实证结论。

②家庭层面：由于家庭住房租购决策、住房类别选择等决策变量为二值虚拟变量，故采用 Logit 模型等离散选择模型进行实证分析。

（5）探索性空间数据分析（ESDA）

ESDA 技术是 EDA（探索性数据分析）在空间数据分析领域的推广，着重于概括空间数据的性质，探索空间数据中的模式，并在地图上识别异常数据的分布位置等。全局空间分析时，利用"莫兰指数法"对婚配竞争、婚姻挤压、住房价格等关键变量进行全局空间相关性检验。局部空间分析时，采用局部莫兰指数法得到 LISA 集聚图，分析各城市局部空间关联格局（高高集聚、低低集聚、高低集聚、低高集聚）。

1.4 主要特色和创新

本书在提取研究问题时，立足于国内外前沿动态且结合中国"无房不嫁""婚房竞争"等风气盛行的现实，最终提炼出了婚配竞争对住房市场的作用问题，由此展开深入剖析。具体特色与创新如下。

（1）将婚配竞争纳入住房市场影响因素体系，并对二者的传导机理进行深入解析

现有的住房市场影响因素研究成果，主要集中在经济、政策、人口等因素的讨论，少量的将婚姻与住房关联的文献，往往也只是对相关现象的表层描述或调查，缺乏将婚配竞争作为动因的讨论，而二者的传导机理目前的研究也尚未涉及。本书从适婚人群性别失配背景下的婚配竞争这一新视角入手，以宏观—微观层次联接、时间—空间维度延展为分析方案，在构建"婚""房"传导机理模型的过程中厘清婚配竞争对住房市场的作用路径，

并采用多种计量方法定量刻画二者的内在关联。研究成果不仅在学术上有助于完善住房市场动因分析理论体系，拓宽婚姻匹配研究领域，深化住房市场运行规律的剖析，而且也可以为政府对住房市场的有效调控提供新的思路和指导工具。

（2）剖析了婚配竞争与住房市场关系的时空演变规律，并结合中国的现实问题提出针对性的解决对策

对于住房市场的研究，西方国家领先于我国，所取得的成果多以西方发达国家为研究对象，难以适应中国"水土"。同时，中国住房市场宽广，层次多样且不断变化，时间及空间纬度上的考察缺乏将直接影响市场运行规律的剖析。此外，"婚后从夫居""筑巢引凤"等传统观念，以及长期性别比例失衡的现实，也与西方存在巨大差异。理论研究滞后于社会需求，以致难以及时针对住房市场发展的新取向提出政策建议。本书以中国适婚人群性别失配为背景，通过时间—空间的探索性数据分析和异质性解析，集合政府、房地产企业、适婚人群决策中的现实问题，在每一个研究专题最后提出解决对策，在一定程度上弥补中国婚姻与住房市场研究的重要缺口，回应一线实践的迫切需求。研究成果将为住房调控和人口规划的差异化、精准性制定提供有效建议，为化解"丈母娘效应"的负面影响做出积极贡献，为破解中国"高房价""婚房竞争"困境提供新思路，因此在构建和谐社会方面具有重要的实际应用价值。

（3）给出了城市层面婚配竞争和婚姻挤压，以及家庭层面婚配竞争压力的表征及测度方法

科学构建反映适婚人群婚配竞争及婚配竞争压力的变量已成为基于婚姻家庭理论创新住房市场波动分析框架的关键问题，也是婚配竞争驱动下家庭住房消费行为和城市房价波动实证研究的基础。本书在对国内外文献归纳和对青年群体访谈基础上，构建了能恰当反映我国现实的城市层面婚配竞争、婚姻挤压、家庭财富代际转移、父母利他行为能力，以及家庭层面婚配竞争压力等变量的评价指标体系；充分利用全国人口普查数据、CFPS 微观家庭数据库和地级市公开统计数据等多源数据，捕捉适婚人群的切实"痛点"，解决了实证研究所需的婚配竞争等关键变量的表征及测度问题。

第 2 章

基本理论与国内外研究综述

2.1 基本概念

2.1.1 婚配竞争

魏和张（Wei and Zhang, 2011）研究发现我国的性别失衡引发了激烈的婚配竞争，有儿子的家庭不得不增加储蓄以购买住房，从而获取婚姻市场上的竞争优势。具体来看，婚姻匹配竞争是指单身男性和女性在婚姻市场为了获得婚姻配对机会，男性与男性之间以及女性与女性之间形成的一种竞争状态（简称婚配竞争）。由于传统的"重男轻女""传宗接代"思想观念根深蒂固以及胎儿性别鉴定等技术因素的存在，我国男女性别比例长期失衡。国家统计局数据显示，2019 年我国未婚人群性别比例为 152.95（女 = 100），而未婚人群中男性占 60.47%，女性仅占 39.53%。可见，中国男女性别比例失衡现象严重，这让女性在婚姻市场上更有主动选择权，故本书所指的婚配竞争主要是婚姻市场中男性之间的相互竞争。

婚配竞争与人口结构密切相关。当男女性别比例失衡时，无论男人多还是女人多，都会使得婚姻市场上的匹配竞争加剧。就我国而言，婚姻市场上的男性数量要多于女性，加大了男性寻找婚配对象的难度。加之我国经济的快速发展和生育观念的改变，生育率和出生人口与过去相比下降明显，"夫妻年龄差"的存在也难以缓解男性婚配成功难的问题。因此，婚配竞争程度受到人口结构的影响。

　　激烈的婚配竞争会加剧对男方的婚姻挤压，也加剧单身人群在个人品质、经济实力和社会关系等方面的竞争。近年来我国结婚率下降明显，适婚人群的初婚时间也显著推迟，这些现象都受到了婚配竞争程度加剧的影响。

2.1.2　婚姻挤压

　　婚姻市场是通过经济分析法分析社会行为而构建的概念，指的是进入婚龄期有结婚意愿的男性和女性对结婚配偶产生的供给与需求的总和。在一夫一妻制下，由于婚姻市场男女性别比例失衡，供给与需求不匹配，婚姻资源紧张的人群无法按照传统的偏好择偶、甚至终身无法缔结婚姻关系，被婚姻市场"淘汰"，这种现象被称为婚姻挤压。婚姻挤压有广义和狭义之分。狭义的婚姻挤压单纯考虑婚姻匹配双方的人口数量和年龄是否匹配，而广义的婚姻挤压还会涉及个人相貌、民族传统、经济条件等因素。本书所涉及的是狭义范围内的婚姻挤压概念。

　　从人口学角度出发，出生性别比、出生人口数的变化、夫妇婚龄差是造成婚姻挤压的主要因素。由生物学的一般规律可知，出生性别比的正常值为男多女少，范围为 103 ~ 107（女性 = 100）。由于男性死亡率高于女性，所以随着年龄升高，性别比会逐渐平衡。所以在测度性别比时，一般以女性为基数。在现有研究中，测度婚姻挤压水平的常用指标是各种性别比，主要有同龄性别比、相对性别比、单身人口性别比等。

2.1.3　家庭财富代际转移

　　家庭财富的代际转移是家庭代际关系研究的核心，包括了家庭内部财富向上转移和向下转移两个方面。本书涉及的家庭财富代际转移主要指父母出于利他主义动机为子女购房或提供经济支持的向下转移财富行为。

　　我国自古以来就有"子承父业"的说法，突出了父辈对子女的支持，侧重于家庭财富的向下转移。就目前我国婚姻市场来看，父母为了子女成功缔结婚姻，不得不给予其大量的经济支持，子女结婚掏空"6 个钱包"、家庭"因婚致贫"等现象屡见不鲜。而财富向上转移则更多地发生在子女成家立业后，故本书不做讨论。总之，在青年缔结婚姻的过程中，家庭财富的向下转移非常普遍。

2.1.4 父母利他行为能力

父母利他行为是家庭财富代际转移的动机之一。以往研究大多分析了父母利他的动机，尚未进一步地衡量父母的利他行为所能达到的程度或水平。因而，本书在利他主义的基础上，明确了父母利他行为能力的概念。父母利他行为能力指的是父母能为子女提供财富支持的能力大小。利他主义指出，父母出于对子女的爱和家庭延续的动机会将财富转移给子女，以帮助子女成功缔结婚姻或更好地生活。但是，不同收入水平的父母能为子女提供的财富明显不同。这就使得同样的父母利他行为，会产生不同的财富转移数量。父母利他行为能力的大小直接影响子女接收到的向下转移的财富数量。这会影响子女在婚姻市场上的表现，对子女的有效住房需求产生影响，进而对住房价格产生重要影响。因此，父母利他行为能力作为一个重要变量，应该纳入本书的分析。

2.1.5 住房价格

住房市场是由住房转让、交易等活动而产生的经济关系和社会关系的综合，而住房价格则集中体现了住房市场的特征。住房价格指住房连同其占用土地的价格，包括了土地价格和建筑物价格。

从现象上来讲，住房价格是指为了获得住房这种特殊的商品所必须支付的货币的数量。从本质上来讲，住房价格是在商品房或商品住宅开发、建设、经营过程中，所耗费的社会必要劳动所形成的价值与土地所有权价格综合的货币表现。个别住房的价格体现为商品交换时的总消费额，即实际购买或成交价格。

本书研究的是婚配竞争对我国城市新建住房价格的影响。此时，住房价格是指在城镇范围内，新建商品房或商品住宅的平均销售价格，具体计算方法为销售额除以销售面积。

2.2　理论基础

2.2.1　房价决定理论

房价决定理论是研究房屋价格的形成过程和变动规律的理论，是房地产经济学的一个核心理论。用于分析单套住房价格的理论主要有房价基本理论、特征价格理论等，而用于研究较为宏观的城市房价的理论主要有供求关系理论、城市价值理论、住房四象限模型和住房过滤理论等。本书主要研究我国地级市的住房价格，故简略介绍单套住房价格的理论，重点对城市房价相关理论进行阐述。

对于单套住房价格，房价基本理论认为住房的有用性是消费者对住房的大小、装修、地段等各种因素的综合评价，住房有用性越强其价格一般也越高。而以兰开斯特（Lancaster，1966）的消费者理论和罗森（Rosen，1974）的特征价格理论为理论基础的特征价格模型（hedonic price model）指出，住房价格之所以不同，其原因主要是对于不同的住房，其特征也存在差异。

对于城市房价，供求关系理论从整个城市对住房的需求以及供给之间的关系来分析城市房价的形成和变化。当供过于求时，住房价格倾向于下跌；当供小于求时，住房价格则更易上涨。第 4 章在世代交叠模型框架下引入婚配竞争与住房价格，利用住房的供求关系求得住房均衡价格关系式。同时，由于住房总是建立在一定的土地之上，土地供给对住房供给和住房价格的影响也受到了学者们的广泛关注。

城市价值理论认为不同城市的发展现状、发展前景以及基础设施等要素不同，其蕴含的城市价值也相应存在差别。城市价值的不同会使得城市间的住房价格呈现差异性。例如，经济发展水平较高或居住环境较好的城市，其住房价格可能会由于城市公共基础设施完善，更宜居、宜业等原因而更高。因此，在房价研究中应考虑城市价值对住房价格的影响，在住房调控时也需因城施策以提高政策效率。

住房四象限模型将房地产市场分为资产市场和物业市场两部分：第一、第四象限代表的是物业市场；第二、第三象限代表的是资产市场。该模型一般用以分析各宏观经济因素对房地产市场的影响。住房过滤理论指出在住房市场中，较高收入者由于改善性住房需求会放弃原有住房，而收入较低者则会继续使用该住房。过滤模型表明了住房具有使用上的持久性和所能提供的服务数量随时间而变化的递延性。

2.2.2　住房价格的形成条件与特点

1. 住房价格形成的条件

（1）住房的有用性

住房的有用性是指住房商品能够满足人们的某种需求或欲望，马克思主义政治经济学中将商品的这种有用性称为使用价格；西方经济学中将商品对使用者的这种有效性称为效用。住房如果不具有有用性，人们就不会产生占有它的需求或欲望，也就不会为占有住房商品付出货币，从而就不会有住房价格。

（2）住房的稀缺性

住房的稀缺性是指现在住房商品的数量尚不能满足每个人的需要或欲望，是相对稀缺，而不是绝对缺乏。绝对缺乏是指"物质的不可获得性"。

（3）住房的有效需求

住房价格要成为现实，必须对住房商品形成有效需求。需要不等于需求，需要只是一种要求或欲望，需求是指有购买能力支持的需要。这种有购买能力支持的需要，称为有效需求。

现实中，住房价格之所以高低不同，同一住房商品的价格之所以会发生波动，就是由于其有用性、稀缺性、有效需求的程度不同及其变化所引起的。

2. 住房价格的特点

（1）区域性

由于土地的位置是固定的，住房商品在交易时无法发生地理位置的移动，因此房价就会表现出区域性特征。这种区域性一方面反映在不同城市区域间住房差价，另一方面也会反映在同一城市不同地段间的住房差价。之所以存在这种差价，一是因为不同地区的土地自然地理条件各不相同，对住房的功能结构和设备会有不同的影响，使相同质量的住房在不同地区价格不同；二是因为不同地区的经济发展环境，市场发展程度，供求状况等都存在差异，同一城市不同地段的交通便利程度、繁华程度等不同都会导致房价表现出区域性特征。

（2）二元性

住房的物质构成包括房屋设施与土地，是二者的有机统一体。这就意味着住房价格在内涵上具有二元的实体性基础，其中一部分来自土地开发和建筑安装劳动所形成的价值，是一般的人类劳动产品的价格，另一部分来自土地使用权价格，属于资本化的地租。

（3）单件性

每个住房商品都有不同于其他住房商品的特殊性，这种特殊性反映到价格上，就是价格的单件性。主要包括三重含义：一是住房商品是单件生产的，而且生产周期长，在生产过程中要受到季节、天气、材料价格变化的影响，使得每件住房商品的工料消耗和各项支出费用有差异；二是没有完全相同的住房，地理位置、建造条件、设施配套等方面都会有差异；三是住房交易会受交易主体的影响，交易主体的知识水平、信息掌握程度等方面存在差异，导致不同的交易主体产生不同的房价。

（4）扩散性

住房市场是全国市场体系的一个重要组成部分，它的状况直接影响市场体系的运行，房价的高低也会直接影响整个市场的价格水平。而价格则又直接影响人们的实际生活水平，影响社会其他行业的生产经营状况、企业营业水平、政府税收和其他财政收入等。这种经济影响也会扩散到社会生活和政治局势等方面，形成了住房价格的扩散性特征。

（5）保值性

随着城市化进程的稳步推进和人民生活水平的提高，住房需求不断增加，并且短期内供小于需的状态难以逆转，造成房价不断上升；房地产开发建设的周期长，投资风险大，短期供给弹性很小，也使得房价具有趋升性；土地资源的有限性使得住房成为稀缺商品，同样使得房价具有趋升性。然而，住房价格的保值性也不是绝对的，在有些情况下可能出现房价的波动。

（6）政策性

住房市场受政府政策的重要影响。首先土地市场受到政府的严格把控，土地的权属性质、稀缺性以及耕地保护的必要性都决定了政府必须直接参与土地资源的配置。政府的各类土地利用规划、计划以及相关土地保护政策都会对区域土地价格产生重要影响。此外，各种宏观经济政策以及针对房地产的调控政策对住房价格的影响也非常大。

2.2.3 婚姻市场理论

贝克尔（Becker）于 20 世纪 90 年代提出人们的非经济行为同样遵循"以交换为基础的行为"的理论，于 1992 年获得诺贝尔经济学奖。他率先将经济学理论中经典的市场理论引入婚姻研究，形成婚姻交换理论。该理论假定有一个婚姻市场，在这个市场中，未婚者通过竞争找到伴侣，缔结婚姻关系。按照经济学理性人假设，人们做任何一种行为是因其能够带来一定利益，或者利益大于成本。而在婚姻关系中，带给个人的利益有法律上被承认的孩子、专业化分工提高生活效率、法律对于个人财产的保障等。婚姻关系还可以充分利用两个个体的比较优势，家庭成员各有其专长，通过专业分工提高生产效率，提高物质财富总量。例如男性提供经济来源；女性承担家庭中的生育、家务。婚姻的成本有时间成本、经济成本。婚姻市场理论将婚姻视为一种特殊的商品，并由此形成特殊的婚姻"商品市场"。在婚姻市场中，未婚男女同时代表着交易主体和交易资源。缔结婚姻关系的双方会根据对方能够提供的资源，如经济条件、家庭财富水平、社会地位等判断缔结婚姻关系能够给个人和家庭带来的回报，最终做出是否达成婚姻关系的决策。

在婚姻匹配理论中，"同类匹配"和"梯度匹配"是其中的经典理论。"同类匹配"假说认为，在男女双方缔结婚姻关系的过程中重视"门当户对"，即双方倾向于选择与自身条件相当的伴侣。"梯度匹配"理论则认为婚姻市场中的个人同样遵循"理性人"假定，人们倾向于通过婚姻提高自身生活水平，与条件优于自己的异性缔结婚姻关系。

2.2.4 地位寻求理论

地位是由于社会成员基于某些受到普遍关注的项目而产生的个体在群体中的相对位置差异，如收入、种族、职位等。地位寻求就是人们对地位符号和更高地位的渴望，地位寻求可以看作在一个社会群体中获得和维持认同感及社会关系的行为。维斯（Weiss，1998）提出人们持有的耐用品的"相对位置"（即与他人比较的结果）一定程度上体现了其社会地位，形成"地位性商品"。这类商品具有易于观测、对比性强烈并会对消费者产生持久性的影响等特征。如果商品不具有外显性，那么该商品很难成为"地位性商品"。魏（Wei，2011）的研究指出，由于中国性别比例的失衡，作为社会地位及个人能力代表的住房成为婚姻市场中不可或缺的选择。

2.2.5　信号理论

斯彭斯（Spence）于1973年首先提出信号理论，其核心理论是：在信息不对称的前提下，无论是个人、企业还是政府，当他们想要但是无法直接表达某种意图时，会选择做出某些具有含义的行为作为"信号"向外界传递信息。例如：企业举债经营向外界传达出经营者对于未来经营情况具有良好的预期。方丽、田传浩（2016，2018）将信号理论应用于婚姻市场中，通过建立理论模型，指出男女双方的信息不对称使得婚姻市场中出现逆向选择，为改善自身效用，男方会提高住房投资。住房成为传递男方财富水平、社会关系和社会地位的信息载体。在此基础上，李斌等（2018）进一步刻画了适婚人群的婚房决策，研究结果表明婚配竞争与住房价格高度关联，并且住房信号功能与经济发展程度相关，经济越发达，住房信号作用越强。符国群等（2021）研究发现，男女双方信息不对称程度越低，男方家庭婚姻支付比例越少，并且"婚房"支出作为承诺信号，比其他结婚支出具有更大的担保作用。

2.2.6　世代交叠模型

由拉姆塞、卡斯和库普曼斯建立的拉姆塞—卡斯—库普曼斯模型是一个忽略了市场不完美性、家庭异质性和代际联系的基准理论模型。由戴蒙德提出的世代交叠模型（OLG），也称"代际交叠模型"，则在其基础上假定新的家庭会陆续进入经济体系。这也是世代交叠模型与拉姆塞模型的关键区别。拉姆塞模型和世代交叠模型被称为以微观为基础的宏观经济模型。

世代交叠模型假定每一个经济主体都存在有限期，即人们都生活于数量确定的离散时期中。例如，将人们划分为青年时期和老年时期，且一个世代的青年人和上一代的老年人在同一个时间里相互交叠、同时存在。具体地，世代交叠模型可将消费者设定为几个不同的代际，允许不同代际消费者的消费行为存在一定的差别，同时对消费者的效用函数进行设定，在收入水平和模型外生的技术进步率约束条件下，通过求解经济个体一生跨期消费效用的最大值，得出一系列模型分析结论。世代交叠模型十分重视宏观经济运行的微观基础，能够较好地反映人们在经济生活中的代际支持和跨期决策等实际问题，这也使得其应用领域十分广泛，包括了养老保险制度改革、混合所得税改革、居民消费、人力资本投资等。

2.2.7　动态规划

贝尔曼方程（Bellman equation）也被称为动态规划方程，是动态规划的数学最优化方法能够达到最佳的必要条件。动态规划算法通常用于求解具有某种最优性质的问题。在这类问题中，可能会有许多可行解。每一个解都对应于一个值，最终目标是找到具有最优值的解。贝尔曼方程最早主要应用于工程领域和其他应用数学领域，后引入经济分析中并成为经济学者分析经济问题的重要工具。贝尔曼方程一般指离散时间最优化问题的动态规划方程，在处理连续时间最优化问题时大多采用汉密尔顿—雅克比—贝尔曼方程（Hamilton – Jacobi – Bellman equation）。其中，"汉密尔顿函数"即指最优控制。它与贝尔曼方程都可解决动态变化过程中的最优化问题。但汉密尔顿函数的处理方法为任意选择一个时点，在该时点实现最优从而计算全过程最优；贝尔曼方程则将多级最优决策转化为多个单级最优决策以达到动态过程的最优化。因此，贝尔曼方程也被称为动态规划的基本递推方程。

动态规划的理论基础包括最优性原理和嵌入原理。最优化原理表明，动态过程的最优策略必须在每一级决策中均为最优策略。即不论初始状态和初始决策如何，以初始决策后形成的状态为基础，其他的问题也需要实现最优决策，才能实现最优策略。嵌入原理指把某个研究过程嵌入一个过程族，根据该原理可将一个复杂的多阶段决策问题转化为多个较为简单的单阶段决策问题，从而降低数学处理的难度。动态规划的基本思想是将待求解问题分解成若干个子问题，先求解子问题，然后从这些子问题的解得到原问题的解。为了成功实现动态最优，需要追踪具体决策的信息随时间发生了何种变化，而保证决策正确或实现最优的信息被称为状态。

贝尔曼方程主要涉及的基本概念如下。

（1）阶段

贝尔曼方程将动态规划的全问题分解成若干个相互联系的阶段，再根据最优原理和嵌入原理求解每个阶段的最优解，从而实现整个过程的最优化。通常是根据时间或空间对求解问题的阶段进行划分。

（2）状态

任何决策都有一定的背景和基础。在动态规划中，每个阶段开始时的自然状况或客观条件就是贝尔曼方程中的状态，亦即始点。

（3）决策

主体在某一阶段的具体选择就是决策。动态规划中的决策与该阶段的状态密切相关，人们会依据状态和个人目标决定自己的具体行为，这将影响其最终的福利状况。

（4）策略

动态规划问题中的全过程策略就是策略，是由各阶段的决策组成的决策函数序列。策略包括了最优策略和子策略。最优策略指能使得全过程达到最优解的策略。子策略是每一个阶段的决策函数，所有的子策略构成贝尔曼方程中的策略。

（5）指标函数

在动态规划中，用来衡量策略优劣的数量指标即为指标函数。指标函数定义在动态优化问题的全过程和所有子过程中，是一个确定的数量函数。指标函数具有可分离性，且满足递推关系。最优值函数代表了指标函数的最优结果，即实施最优策略后得到的指标函数值。不同决策问题的指标函数也相应有所差异。

（6）状态转移方程

状态转移方程表明了一个状态向另一个状态的转变过程。在整个决策过程中，第 $n+1$ 阶段的状态是由第 n 阶段的状态和决策所决定的，即后一个阶段是前一阶段的状态和决策的函数。用方程的形式表达为：$S_{n+1} = T_n(S_n, X_n)$。

2.2.8　中介效应与调节效应

对于许多经济研究中的问题，为了更好地揭示被解释变量与解释变量间的关系，需要通过机制分析来打开二者间传导的"黑箱"。机制分析有利于在已分析解释变量对被解释变量的影响方向和大小的基础上，进一步得出解释变量如何影响被解释变量的相关结果。在机制分析中，中介效应和调节效应是最常用的两种计量模型方法。

中介效应属于间接效应，反映的是解释变量如何通过另一个重要变量影响被解释变量，该重要变量即为中介变量（mediator）。中介效应体现的是解释变量对被解释变量的影响可能是通过中介变量实现的。当中介效应存在时，在控制该中介变量后，①若解释变量对被解释变量的影响由显著变为不显著，则该中介效应为完全中介效应；②若解释变量对被解释变量的影响仍显著但系数变小，则为部分中介效应。检验中介效应的方法主要有依次检验法（即层次回归法）、系数乘积检验法（Sobel 法）和 Bootstrap 法。若中介效应通过依次检验，则证明其存在。但若未通过依次检验，则需进行 Sobel 检验或 Bootstrap 检验进一步分析中介效应。

调节效应反映的是解释变量对被解释变量的影响是否受到另一个变量的影响，这一变量即为调节变量（moderator）。调节效应主要用来分析解释变量对被解释变量的影响大小和方向是否会因为调节变量的改变而发生变化。当解释变量和调节变量均为定量数据时，通常需要对解释变量和调节变量进行标准化处理，从而得到二者的交互项。再进行分层回归，若交互项显著则存在调节效应，否则无调节效应。当解释变量和调节变量均为分类数据时，一般采用多因素方差分析方法来检验调节效应是否存在。

在以上所述的简单中介和调节效应的基础上，还存在多个中介变量的多重中介效应，以及多个调节变量或某一调节效应受到另一个调节变量的调节等多调节变量模型。除了多中介变量和多调节变量模型外，有调节的中介效应模型和有中介的调节效应模型在经济研究中也具有重要作用，二者均是在中介效应模型和调节效应模型的基础上发展而来的。有中介的调节效应指调节效应通过中介效应对被解释变量有影响。有调节的中介效应指某一中介效应受到了调节变量的调节，即中介效应的大小、正负或显著性受到调节变量的影响。

2.3 国内外相关文献综述

2.3.1 婚姻匹配及其社会经济影响

婚姻市场是指婚龄期男性和女性择偶关系的总和，表现为一定时期和范围内人们对婚姻配偶的供给和需求关系（Lamanna and Riedmann，1991）。

而婚姻匹配问题，即谁和谁结婚的问题。现实生活中，婚姻的匹配过程总是被潜在配偶的信息缺失所限制，参与者必须花费时间、精力甚至金钱来对自己的选择进行合理的定位，因此最终实现的匹配分布、收益分割就是这样被其自身的搜寻成本以及其他参与者的搜寻决策共同决定的，这一匹配过程同时也是在未婚男女中创造机会的随机过程。具体来看，主要有以下两类成果。

（1）婚姻匹配的不同模式

婚姻市场上的资源是如何有效配置且达到稳定状态的，一直是学者们关注的重点。贝克尔（Becker，1973；1974）将经济学研究引入婚姻领域，提出婚姻匹配的经济学模型。通过对家庭产出函数的研究，发现相似特征的男女匹配可以最大化家庭的产出，且该分析框架沿用至今。在此理论基础上，国内外学者从个人偏好与选择的视角出发，研究婚姻市场中男女双方的匹配模式。其中，"同类匹配"和"梯度匹配"是两个较多被引用的理论。在"同类匹配"模式下，男女双方倾向于选择同一阶层内部的伴侣（DiMaggio and Mohr，1985）；"梯度匹配"理论则认为，以理性的择偶行为出发，人们更愿意选择条件比自己好的异性作为伴侣（Mare，1991；雷晓燕等，1995）。作为维系和增进阶层内部团结的重要手段，传统社会一般鼓励男女双方在阶层内部通婚，即讲究"门当户对"的婚姻匹配（Goode，1959）。近些年来，随着社会经济文化的发展，婚姻匹配模式也发生了相应的变化，但男女在择偶过程中仍会遵循在同一阶级或阶层内部选择配偶的习惯（Greenwood et al.，2014），即"同类婚"仍是婚姻匹配的主要模式（马磊，2015）。在独生属性方面，郭志刚、许琪（2014）发现独生子女更可能与独生子女结婚，且非独生子女也更可能与非独生子女结婚，同样证明了"同类婚"模式的重要地位。

（2）婚姻匹配的社会经济影响

在上述婚姻匹配过程研究中，学者们发现不同的婚姻选择会带来一定的社会经济影响。即，不同的婚姻匹配类型不仅会带来家庭福利的差异，还会导致各个社会阶层不同程度的固化，进而影响家庭间收入差距的变化（Schwartz and Mare，2005；Greenwood et al.，2014）。故学者们开始研究婚姻匹配与家庭间收入不平等之间的关系。这类研究主要从三方面入手。

第一，讨论夫妻间收入匹配对收入不平等的影响。婚姻匹配主要通过改变不同类型家庭的比例和夫妻在家庭中的分工来影响收入分配的差距（Breen and Andersen，2012）。学者们采用变异系数或基尼系数为分析工具，应用反事实模拟的方法分析夫妻间收入相关性的变化对总体收入差距的影响

(Hyslop，2001；Reed and Cancian，2012）。施瓦兹（Schwartz，2010）将家庭分类考虑，探讨了收入匹配对不同收入组家庭的影响。而艾斯平·安德森（Esping-Andersen，2007）则将不同国家对比考虑，发现夫妻收入相关度提高会加剧家庭间的不平等程度。刘怡等（2017）研究了婚姻匹配对代际流动性的影响，发现我国的代际收入弹性约为0.42，代际流动性偏低，即婚姻匹配使得家庭收入分配不平等。

第二，讨论婚姻中的教育匹配对收入不平等的影响。学者们认为具有相同教育水平的男女匹配后，家庭内部结构发生变化，强化了不同社会阶层内的经济优势和弱势，进而会显著影响家庭间的收入差距。随着社会的发展，女性的受教育程度普遍上升，接受高等教育的男性和女性匹配在一起的数量随之增加，加剧了不同教育匹配组间的收入差距（Schwartz，2010；2014；潘丽群等，2015；江求川，2018）。与此同时，随着教育的普及和高等教育的扩张，低学历的男性和女性数量相对减少，低—低学历的同质性婚配比例也相应减少，则可能会缩小组间收入差距（Breen and Salazar，2011）。另外，家庭内部分工尤其是女性劳动参与率的变化会直接影响家庭收入，进而影响相同类型教育匹配组组内的收入差异。

第三，讨论婚姻匹配对家庭消费的影响。部分学者的研究表明，婚姻匹配会促进某类商品的消费支出，例如格里尔等（Grier et al.，2016）在性别失衡背景下研究了婚姻匹配对汽车消费决策的影响，发现未婚男性比已婚同龄人更有可能购买昂贵的豪华车。也有学者得出相反结论，认为性别比例失衡不仅抑制了居民的总消费，而且抑制了居民的享乐型消费和功利型消费，而且这种抑制作用在不同人群中的表现不同（袁微、黄蓉，2018）。

综上所述，国内外关于婚姻匹配的理论和实证研究成果较为丰富，学者们也逐渐关注到婚配模式的变化对经济社会的影响。但是，目前研究主要集中于婚姻匹配对人们幸福感或收入不平等的影响，而关于婚姻匹配对住房市场的影响并不多见。此外，关于婚配竞争、婚配竞争压力的表征及测度研究是识别其与住房市场关系的关键，但目前的研究鲜有涉及，需要给出系统的表征及测度方案以弥补研究缺口、拓展应用范围。

2.3.2 住房市场影响因素

国外学者关于住房市场的研究起步较早，开始主要集中在地租、地价等方面，后来逐步形成专业领域，角度多样、成果丰富。国内研究虽然起步较晚，学者们围绕中国住房市场的现实深入探讨，也为其发展做出了积极贡献。通过整理归纳国内外学者的研究成果，发现在住房市场影响因素方面的研究主要集中在以下几个方面。

（1）宏观经济因素

学者们围绕经济增长、经济周期、收入、通货膨胀等因素，分析了其对于住房市场典型指标的解释能力。其中，经济增长与收入被认为是影响住房市场的重要决定因素。

经济增长会影响住房市场的外部环境，因此将二者联系起来有重要意义，如何保障经济发展与住房市场良性互动日益受到了各界关注（Quigley，2001）。大多数研究表明住房价格可由基本面因素解释，经济增长会促进房价的上涨（黄忠华等，2008；张红等，2017），也会影响住房消费和贷款需求（Shahini，2014）。但是，近年来中国部分学者的研究发现，中国的房价上涨与经济因素间缺乏稳定的对应关系，已偏离基本面因素（余华义，2010），二者之间的关系还表现出地区间的差异性（骆永民、徐明星，2015；袁晨、陈雪莉，2016）。

高收入会提高购房能力，消费者对心仪的有限房产进行竞争，从而房价得以拉升，因此收入往往被学者们视作消费能力予以讨论。具体研究时，学者们主要从两个方面入手，绝对收入和收入差距。绝对收入越高，购买力就越强（Nieuuwerburgh and Weill，2010），因此，收入是影响房价上涨的主要因素（Jafar et al.，2018；张传勇，2014；刘广平等，2016）。有研究表明，收入对房价的促进作用存在地区或地市间的异质性，甚至存在跨区影响（Borgersen，2014；余华义、黄燕芬，2015）。更进一步地，部分学者研究了收入差距与房价的关系，但并未得到一致结论。一类是认为收入不平等会加剧房价的上涨（Zhang et al.，2016；高波等，2013；张川川等，2016）。另一类研究成果却证明收入差距会抑制房价的上涨（张媛媛等，2018）。

（2）政策因素

学者们主要讨论了土地政策、货币政策、税收政策等对住房市场的干预作用，多数研究显示调控政策对住房市场具有重要影响。

在土地政策方面，现有研究表明土地用途管制、土地供应（数量和结构）和土地出让制度均会对住房市场产生影响。土地用途管制限制了土地可供开发的数量，使得土地供应缺乏弹性，从而导致住房供应不足，引发房价上涨（Kok et al.，2014；Burnett，2016），同时还会造成城市住房用地供给错配（严金海，2018）。土地供应数量直接通过影响地价和住房供应数量来影响房价，且在城市化程度较高的地区（Hilber and Vermeulen，2016）以及住房需求较为旺盛的地区（Jackson，2018）土地供应限制的影响更大，更容易造成房价的涨跌波动；土地供应结构同样也会显著影响房价水平，且住宅、基础设施与工业用地对房价的作用不尽相同（余亮亮、蔡银莺，2018）；因此，政府通过"价格途径"和"政策途径"这两种控制地价的手段，均能对房价进行有效调控（赵凯、刘成坤，2018）。土地出让制度则通过影响地价来影响房价（任超群等，2013；叶剑平、李嘉，2018），但也有研究得到了不同结论，认为房价主要是由供求决定的，而非地价和土地出让方式决定的（况伟大、李涛，2012）。

在货币政策方面，学者们的研究显示利率、货币供应量、汇率、信贷等渠道对住房市场都有一定的影响。从利率和货币供应量渠道来看，住房市场的复苏及房价的快速上涨通常伴随着宽松的货币政策（Wheaton and Nechayev，2008；Larsen，2018），长期低利率甚至会引发房地产泡沫的形成（McDonald and Stokes，2011）。同时，货币供给量增长对不同城市或地区的住房市场存在显著的异质性效应，造成了城市房价的分化（张清源等，2018）。为了厘清货币政策对住房市场的传导机制，学者们还尝试建立 DSGE 模型，发现宽松的货币政策会造成的流动性增加，进而造成房价显著上涨（Rubio and Carrasco－Gallego，2016；陈诗一、王祥，2016）。从信贷渠道来看，学者们的研究表明信贷增加将导致价格上涨（Kelly et al.，2018），但相同的政策对不同地区住房市场的影响存在差异性（Fischer et al.，2018；李斌等，2015；魏玮、陈杰，2017）。从汇率渠道来看，房价作为资产价格，在金融周期中与汇率呈现较强的相关性。汇率或汇率预期的变化会引起短期资本持续流入，进而对住房市场产生正面影响（Ohno and Shimizu，2015；郭锐欣、朱怀任，2017；朱孟楠等，2017），但也有研究表明汇率变化对房价波动没有直接显著的推动作用，可能存在以货币供应量为中介的间接传导关系（韩鑫韬、刘鑫，2017）。

（3）人口因素

人口因素是住房需求的重要影响因素（Andersen et al.，2018；Antoniucci and Marella，2018；李超等，2015），学者们主要从人口年龄结构、人口迁移、人口总量等角度进行分析。

诸多研究表明，年龄结构因素是住房市场的重要动因。儿童和年轻人口比例下降，这种年龄结构会使房价的增速放缓（Malmberg et al.，2010），而少儿抚养比的提高则对住房消费面积有负向影响（顾和军等，2017）。若出现明显的人口老龄化，则会对住房市场产生更为显著的负向影响（Kim and Chun，2014；Hiller and Lerbs，2016；况伟大等，2018），而且老龄化速度越快或老年人口占比越大的地区房价将下降得越快（Park et al.，2017；许永洪、吴林颖，2019）。但也有学者的研究表明，老龄化会对住房租赁价格产生正向影响（Hiller and Lerbs，2016）。

（4）区域与特征因素

国内外学者关注的特征因素包括住宅使用面积、房间/阳台/浴室的数量、房龄、楼层数量、所在楼层以及周边学校/医院/购物中心/城市中心的距离和数量等。瑟曼斯等（Sirmans et al.，2005）回顾了 125 篇基于住宅特征价格模型的文献，发现在 150 多个特征因素中影响房价的前 20 个因素中有 17 个是建筑特征因素。

尽管如此，外部性和其他特征因素对房价的影响也被讨论。如有学者讨论了树、公园、海港、山、绿地、湿地以及河/海/湖泊等特征因素，分析了景观的宜人性对住宅价格的影响（Panduro and Veie，2013；Votsis，2017；杨俊等，2018），也有学者从空气/水污染、养猪场、垃圾填埋场、危险废物处置场、嘈杂地区等特征入手，讨论了环境的负外部性（Bayer et al.，2016；Walsh et al.，2017；周梦天、王之，2018）。

（5）预期因素

预期总是在人们的头脑中产生并影响着人们的行为，进而影响经济的运行，因此，学者们逐渐意识到预期的重要性并开展了一系列的研究工作。早期西方经济学中，米达尔（Myrdal，1927）、希克斯（Hicks，1939）等学者已经有了预期的思想，并提出了预期的概念。凯恩斯（Keynes，1936）确立了预期在经济分析中的地位，但他的预期是一种无理性预期[①]。穆思（Muth，1961）理性预期概念的提出，理性预期学派的产生，才真正将预期纳入经济分析领域。

已有研究表明，预期是影响住房市场运行的重要因素，相关研究主要有

----

① Keynes J M. The General Theory of Employment, Interest and Money [M]. MacMillan and Co., Limited St. Martin's Street, London, 1936.

以下两个方面。

①各类预期模式及其在住房市场中的应用。

在不同的经济和社会实践背景下，学者们对预期的形成机制（模式）做出了不同的假设并开展了应用分析。主要的预期模式有：

静态预期模式，即 $P_t^e = P_{t-1}$。外推型预期模式，即 $P_t^e = p_{t-1} + \alpha(p_{t-1} - p_{t-2})$（Ma，2016；梁云芳、高铁梅，2006）。适应性预期模式，即 $p_t^e = p_{t-1}^e + \beta(p_{t-1} - p_{t-1}^e) = \beta p_{t-1} + (1-\beta) p_{t-1}^e$（Grandy and Fuerst，2010；王先柱、杨义武，2015；华昱，2018）。理性预期模式，即：$P_t^e = E[P_t \mid I_{t-1}]$（Gelain and Lansing，2014；Fabio and Sung，2018；陈林、朱卫平，2011）。有限理性预期模式，即 $p_{t+1}^e = \delta[\beta p_t + (1-\beta) p_t^e] + (1-\delta) p_{t+1}$（Wheaton，1999；Shiller，2007）。异质预期模式（Zhang et al.，2016；Dieci and Westerhoff，2016；李仲飞等，2015）。

②预期的测度与量化。

由于预期的不可观测性，使其测度非常困难，部分学者提出了一些可操作的测度方法，主要有：

迪帕斯夸尔和威顿（Dipasquale and Wheaton，1996）提出了三种预期方法，并被国内外学者普遍使用：一是外生预期法，即市场参与者认为房价在未来会根据宏观经济而变化；二是近视预期法，即市场参与者依据历史波动趋势对未来的房价变化做出判断；三是理性预期法，即市场参与者可以对偶然冲击下的住房市场反应做出正确的预测。具体到量化理性预期，国内外学者通常的做法是将下一期的变量实际值作为当期理性预期的量化值（Kim and Kim，1999），或者将替代变量的值作为理性预期的量化值（Fluri and Spoerndli，1987）。

塔塔维尔和麦克格利尔（Taltavull and McGreal，2009）提出了一种更为贴近实际的预期测度方法。认为房屋要价中包含基本价格因素、业主预期因素、议价因素，利用特征价格法反复回归，最终可用剩余项来反应预期，并可将其分解到各宏观经济变量之上。沙拉肯和曾姆斯克（Tsharakyan and Zemcik，2011）则假设房价服从 $AR(1)$ 一阶自回归过程，通过家庭调查资料推导出自回归参数为 α，并用其描述家庭对房价的预期。

此外，还有测度预期的替代变量法（杨柳等，2017；肖卫国、兰晓梅，2017）、指数构建法（苏志，2016）、市场调查法（Towbin and Weber，2016；孙伟增、郑思齐，2016）、模型模拟法（王频、侯成琪，2017）等。

概而言之，国内外学者在住房市场影响因素领域的研究角度各异，研究成果丰富，揭示了住房市场影响因素的多样性和复杂性。然而，通过梳理发现，从婚配竞争角度切入的分析鲜见，也缺乏对二者传导机理的理论建模及系统性研究，这使得住房市场动因研究框架及研究结论可能会与国内住房市场的实际情况产生差距，亟待深入探讨以提供差异化、精准性调控政策的制定依据和企业、家庭投资消费的决策参考。

2.3.3　婚姻缔结与住房市场的关联

住房是家庭组建及发展的基础，而家庭的需求也是支撑住房市场发展的主要动因。国内外学者围绕婚姻缔结与住房市场关系的探讨主要有四个方面。

（1）婚姻人口对住房市场的影响

学者们普遍认为婴儿潮带来的婚姻人口冲击是住房价格上涨的重要原因（Ohtake and Shintani，1996；刘学良等，2016）。回顾中国的人口出生概况，在 1981~1991 年经历了一次明显的生育高峰，这批婴儿潮人口在 21 世纪初成年并在 2003 年后集中进入婚龄，并由此进入城镇住房市场，对住房需求造成了巨大冲击，进而推高了住房价格。为了检验该观点，肖小平（2013）采用问卷法对深圳市婚房置业情况进行了调查，发现 80 后进入适婚年龄后，结婚人数的激增的确刺激了住房需求增长。之后，刘学良等（2016）则以登记初婚率为解释变量，以面板计量模型为手段对该观点进行了实证分析，再次验证了 20 世纪 80 年代人口生育高峰出生的人口集中进入婚龄是房价上涨的重要原因。

（2）性别结构失衡对住房市场的影响

性别比例失衡的一个直接后果就是大量单身男性婚姻推迟或结婚无望的概率增加，进而使得婚姻市场上男性之间的竞争加剧（Chang and Zhang，2015）。当社会地位代表了家庭在非市场化活动中的竞争力时，稳定的均衡就是社会地位由财富水平决定（Cole et al.，1992）。因此，"经济状况"或"物质基础"等因素在适婚男性的择偶过程中就占据重要地位。而上述特征相对隐蔽、可视性差，通过选择住房等可视性较强的方式来传递家庭经济实力的信号就非常直观明了（Carlsson et al.，2007；Griskevicius et al.，2017）。已有研究发现，性别比例失衡会使得男性结婚的困难加大，有儿子的家庭之间的竞争会促使住房面积更大和价格更高（Wei and Zhang，2011），甚至导致父母对儿子的过度投资（Bhaskar and Hopkins，2011）。随着男女性别比例失衡情况凸显，婚姻市场竞争加剧，住房作为地位性商品的需求随之增大，这是房价上涨的重要原因（张安全等，2017），这种影响受限于地区经济实力而存在双重门槛效应（李斌等，2018）。

（3）婚姻特征对住房市场的影响

学者们认为家庭的众多婚姻特征都会在住房市场发生作用，这些特征会影响家庭成员的行为决策，并最终传导到住房需求和住房价格。这些特征主要有，第一，性别特征。例如，克里斯塔福尔和勒吉扎蒙（Christafore and Leguizamon，2012）通过对美国20 000多套房屋销售数据的分析，发现同性配偶家庭数量的增加会导致较自由社区房价的上涨以及较保守社区房价的下降。第二，婚姻状态特征。胡（Hu，2017）采用住房选择模型对调查数据分析后发现，家庭规模、婚姻状态会影响住房租购决策。第三，婚姻观念特征。调查研究表明，"先有家后成家"仍是居民的主流观念，且男方是购买婚房时出资更多的一方（零点调查与指标数据项目组，2013），为此青年群体的住房消费表现为典型的"婚姻驱动型"（吴义东、王先柱，2018），农村家庭为了实现婚配，男性会追求数量更多、面积更大的婚房（Fang and Tian，2018；方丽、田传浩，2016）。

（4）住房市场对婚姻缔结的影响

住房对于新婚家庭的组建至关重要（Straczkowski and Suszynska，2012）。一是会影响婚姻家庭的稳定。现有研究表明，房价是影响婚姻稳定性的重要因素，房价上涨会导致离婚率上升（Battu et al.，2013；于维洋、周薇，2015），对年轻、低收入和低学历的家庭尤为明显（Klein，2017）。二是会影响适婚人群的决策。住房对于未婚、离婚等人群在婚姻市场的地位起决定性作用，会限制青年的婚姻决策（廉思、赵金艳，2017）。房价上涨不仅会影响男性和女性的初婚时机（Kang et al.，2017），甚至造成初婚率的下降（洪彩妮，2012）。

综上所述，国内外关于婚姻缔结与住房市场关系的研究虽然角度较多，但成果较为零乱而缺乏系统性，更为重要的是，从婚配竞争角度切入的研究寥寥，以致二者的传导机理尚欠清晰。同时，少有将预期引入婚姻与住房关系研究之中的成果，相关研究仍有待深入以使结论与现实更加相符。进一步考察文献的缺乏，为本书带来了极大的挑战，也为创新性研究提供了重要机遇。

2.3.4　文献评价

综上所述，国内外学者在以上三个方面均已取得较为丰富的研究成果，为本书的研究工作提供了宝贵的借鉴材料。但经过上述文献的梳理和分析不难发现，仍留有一些值得深思的问题：

其一，近年来房价的持续性上涨已成为中国最重要的经济和社会现象之一，对经济稳定和民生改善都产生了不利影响。虽然国内外学者已从经济、金融、土地等因素入手进行剖析，但是该问题并没有得到很好的解释和解决。从"房市有价，真情无价""爱她，就给她一个家"等广告语中不难看出，婚姻市场中"婚"与"房"似乎有着某种内在联系，这种关联很有可能是当前住房市场运行规律剖析和发展趋势预判的关键，而这恰恰是当前研究缺失的一环。因此，关于婚姻缔结与住房市场的关系研究不能止于对"丈母娘效应"的浅层描述，而应在适婚人群性别失配的大背景下将其置于住房市场运行规律研究的链条之中，深入揭示隐藏在现象背后的机理，从而在理论上对二者的传导原理做出本质性解释。

其二，住房问题属于我国重大经济问题范畴，必须进行系统研究，及时针对其发展的新取向提出相关政策建议。然而，各地在出台调控政策时，面临诸多现实而又迫切需要解决的问题，这些问题是西方的经典理论无法合理诠释的。因为西方的住房经济理论是基于欧美国家的经济实践进行提炼升华的结果，对中国政府、企业、家庭决策的适用性存在不确定性，同时中国长期性别比例失衡，"居者有其屋""婚后从夫居""筑巢引凤"等传统观念也与西方存在巨大差异。所以，在理论研究滞后于社会需求的情况下，婚配竞争对住房市场有何种影响，管理者如何化解"丈母娘效应"的负面影响以实现"安居梦"和家庭社会的和谐美满，尚留下巨大的需要深入探索的空间。

因此，只有深入探索婚配竞争与住房市场的传导路径，从宏观和微观两个层次客观评价其对家庭住房消费和整个住房市场的影响，才能更好地把握市场运行规律和时空格局特征，并为"婚"与"房"的和谐共进提供新的洞察。

第 3 章

婚配竞争对住房市场的非线性作用研究①

3.1 引言

住房市场化改革以来，房地产业的重要性日益凸显。从经济发展到居民生活，甚至家庭的组成与解体，无一不受其深重影响。但是，近年来房价的持续性上涨已成为中国最重要的经济和社会现象之一，对经济稳定和民生改善都产生了不利影响，数轮的宏观调控其效果也不尽如人意。虽然国内外学者已从经济、金融、土地等众多因素入手进行剖析，但是该问题并没有得到很好的解释和解决。

是"丈母娘"拉高了住房价格？住房作为一种身份的"镜像"，可以帮助适婚女性及"丈母娘"大致判断某个男性处于何种阶层之中，因此也成为反映男性品质的外部符号象征。在这种观念影响下，家庭条件优越的男性得以通过住房与其他男性区隔开来。调查数据显示，82.05%的青年认为自己如果拥有房产会更容易找到配偶，而在男性结婚需要具备的物质条件方面，有36.03%的青年把房产排在了第一位②。将婚姻幸福与拥有自己的住房"捆绑"之下，房产就成了适婚人群婚姻决策的重要参考，曾经的"天

---

① 本章主要内容是在李斌、蒋娟娟、张所地合著论文《丈母娘经济：婚姻匹配竞争对住房市场的非线性冲击》基础上形成，该文发表于《现代财经（天津财经大学学报）》2018 年第 38 卷 12 期，第 72～81 页。

② 资料来源：廉思，赵金艳. 结婚是否一定要买房？——青年住房对婚姻的影响研究 [J]. 中国青年研究，2017（7）：61～67.

作之合"，也被丈母娘们逐渐演绎成了"房作之合"。男性在婚恋过程中的行为决策，是否会催生"丈母娘经济"？这种经济效应会以什么样的形态存在于住房市场？这是否是房价持续上涨的原因之一？这些问题亟待学术界的关注与研究。

为了解决上述问题，本章尝试从婚姻市场匹配竞争的角度给出新的解释。在适婚人群婚姻决策分析过程中梳理了"婚"和"房"的内在关联，并且采用非线性的计量手段对这种关联进行了具体刻画，力图能得到婚配竞争对住房市场的影响机制。研究成果不仅在理论上回答了"丈母娘"经济现象的根源，完善了住房市场动因分析框架，而且为住房市场运行规律的剖析和发展趋势的预判提供了科学的依据，同时对于提高住房宏观调控政策的有效性和精准性也具有重要的现实意义。

3.2　理论分析

社会经济地位在适婚人群的婚姻决策中扮演重要角色。那么可以反映一个人的社会经济地位呢？从"房市有价，真情无价""爱她，就给她一个家"等婚房广告语中不难看出，住房在婚姻市场便充当了这样的信号载体。一方面，与存款和汽车等相比，住房不易造假且女性容易观察，更有效、更可靠；另一方面，住房是家庭成员"安身立命"之所，能提高女性的安全感、归属感和幸福感。将住房放在婚配竞争的框架下，其作用会更加凸显。我国的传统是婚后从夫居模式，在婚姻市场信息不对称的背景下，是否拥有住房及其品质是适婚男性财力及能力的重要信号，是他们能否在婚姻市场中参与竞争、脱颖而出的关键所在。

方和田（Fang and Tian, 2018），方丽、田传浩（2016）等已运用修正的 Spence 信号模型分析了住房信号与婚姻缔结的关系。基于该信号传递模型，对婚姻市场中适婚人群的婚姻决策进行刻画，以反映出配对竞争与住房市场的内在关联。

3.2.1　释放信号的必要性

婚姻市场中男性和女性各有不同的特征，令 θ_i 代表男性"质量"，γ_i 代表女性"质量"，$i \in \{l, h\}$，l 代表低"质量"，h 代表高"质量"。假设婚姻市场中男性的数量为 n_m，θ_h 和 θ_l 各占 $1/2$；女性的数量为 n_f，γ_h 和 γ_l 各占 $1/2$；有 $n_{fl} = n_{fh}$，$n_{ml} = n_{mh}$，f 代表女性，m 代表男性。假设男女双方对彼此"质量"的评价为 $\theta_h = \gamma_h$，$\theta_l = \gamma_l$。

女性与男性婚姻匹配成功所获得的效用为：$U_f(\theta - \gamma) = \theta - \gamma + M$，$M$ 为婚姻匹配的保留效用，匹配失败的效用为 0；男性与女性婚姻匹配成功所获得的效用为：$U_m(\gamma - \theta) = \gamma - \theta + M$，匹配失败的效用为 0。

婚姻市场中女性的"质量"主要包括长相、身高、职业、学历等个人特征，易于观测；而男性的"质量"除了个人特征外，还包括能力、家庭财富、社会地位、当前收入等特征，难以观测。故女性对男性"质量"的平均预期为 $E(\theta) = \frac{1}{2}(\theta_h + \theta_l)$，此时，高"质量"女性获得的效用为：

$U_{fh}(E_\theta - \gamma_h) = E(\theta) - \gamma_h + M = \frac{1}{2}(\theta_h + \theta_l) - \gamma_h + M$。低"质量"女性获得

的效用为：$U_{fl}(E_\theta - \gamma_l) = E(\theta) - \gamma_l + M = \frac{1}{2}(\theta_h + \theta_l) - \gamma_l + M > 0$。

这时会出现两种情况：

①当 $M \geqslant \frac{1}{2}(\gamma_h - \gamma_l)$ 时，γ_h，γ_l 都会进行婚姻匹配，但是 $U_{fh} < U_{fl}$。

由于婚姻市场缺乏有效信号机制，女性与男性随机匹配。这时：

$$U_{mh}(E_\gamma - \theta_h) = \frac{1}{2}(\gamma_h + \gamma_l) - \theta_h + M \geqslant 0$$

$$U_{ml}(E_\gamma - \theta_l) = \frac{1}{2}(\gamma_h + \gamma_l) - \theta_l + M > 0$$

同样地，有 $U_{mh} < U_{ml}$。

由上可知，婚姻市场的所有男性和女性都会进行配对，但是 θ_h 和 γ_h 获得的期望效用均小于 θ_l 和 γ_l，即婚姻市场存在逆向选择。

②当 $M < \frac{1}{2}(\gamma_h - \gamma_l)$ 时，γ_h 会退出婚姻市场。此时，θ_h 获得的期望效用为：

$$U_{mh}(\gamma - \theta) = \gamma_l - \theta_h + M < 0$$

可见，高"质量"男性也会退出婚姻市场。市场上只剩下低"质量"男性和低"质量"女性进行配对，逆向选择严重。

在上述两种情况下，如果男性能发出某种信号来传递自身"质量"信息，则有利于消除逆向选择，提高自身效用进而改进整个婚姻市场的匹配状况。

3.2.2　信号特征及强度

由于具有价值量大、可靠性高、易于观测等特点，住房便成为传递男方质量信息的优良信号载体。

假设男性可以选择对住房投资，$H = H_\rho$，$\rho \in \{l, h\}$，则 H_h 表示男性选择高住房投资，H_l 表示男性选择低住房投资，$H_h - H_l = \alpha(\theta_h - \theta_l)$，$\alpha \in (0, +\infty]$。

θ_h 由于社会经济地位高，所以投资住房不需要借款，即借款成本 $C_h = 0$。θ_l 社会经济地位低，若选择低投资住房也不需要借款，若选择高投资住房就需要借款，则会产生借款成本，即：

$$C_l = \begin{cases} (H_h - H_l)\varepsilon & (H = H_h) \\ 0 & (H = H_l) \end{cases}$$

式中，ε 为贷款利率。

高"质量"男性必定会选择高住房投资，因为他们投资住房不需要借款，而且住房作为男性社会经济地位强有力的信号载体，可以与低"质量"的男性区别开来。此时，高"质量"女性接收该信息后可能与之匹配成功，进而改进高"质量"男性的效用。

低"质量"男性则有两种选择。第一，选择低投资住房，借款成本为 0。实际上，由于低"质量"男性的经济实力弱，在借款成本较高时，低"质量"男性无法模仿高"质量"男性，只能选择低投资住房。此时，低"质量"女性接收该信息后可能与之匹配成功，与未发出信号的婚姻市场相比，其效用不变。第二，选择高投资住房，借款成本为 $(H_h - H_l)\varepsilon$。在借款成本较低时，低"质量"男性也有选择高投资住房，以吸引高"质量"女性与其配对的动机，进而改进其效用。

综上可知，无论是高"质量"男性还是低"质量"男性，当发出住房投资信号来传递自身的"质量"信息时，有利于降低婚姻市场的信息不对称程度，有利于获得"丈母娘"的认可，有利于其与异质同性区别开来以促进同质异性与其婚配。这样不仅能改进其自身效用，而且还能提高参与竞争的男性和女性的平均"质量"，减少甚至消除逆向选择问题。

3.2.3 信号的非线性传导

当住房充当婚姻市场的信号载体时，其功能的发挥除了受住房本身特点的影响，可能还会受地区经济实力的影响。经济实力薄弱的地区，婚姻圈的地域覆盖范围相对较小，婚姻资源以省域内部流动为主，适婚人群以本地结合为主，信息不对称的程度较弱，因此住房信号功能发挥的必要性较低。故婚配竞争对住房需求的影响较小，"丈母娘"对住房价格的拉动作用较弱。相反地，在经济实力雄厚的地区，婚姻圈的地域覆盖范围更广，形成了开放性的婚姻市场，信息不对称的程度更高，因此住房的信号功能发挥的必要性更大。故适婚男性住房投资的热情更高，婚配竞争极大地增加了住房需求，"丈母娘"对住房价格也会产生较大的拉动作用。由此可见，"丈母娘"效应可能以显著的非线性形态存在于住房市场。

综上可知，男性往往顺应"丈母娘"的要求，通过发出住房投资信号来传递自身"质量"信息，以降低甚至消除婚姻市场的信息不对称程度。女性则依据住房投资品质（如价格、户型、面积、教育资源等）来判断男方的"质量"并与之配对。此时，婚姻市场个体的效用得到改进，市场实现最优交易时的总剩余得以增加，市场运行更加有效。可见，适婚人群会越来越多地通过发出住房信号参与配对竞争，即催生"丈母娘经济"，进而造成住房需求和住房价格的变化。

3.3　实证检验

以上模型从理论角度解释了"丈母娘经济"的产生原因，即婚配竞争与住房市场之间存在紧密的内在关联。以下将选取相关变量进行面板门槛模型识别，给出婚配竞争对住房市场产生重要作用的经验证据。

3.3.1 面板门槛模型设定

为了检验婚姻市场匹配竞争对住房市场的冲击，建立如下面板计量模型：

$$\ln Y_{it} = \lambda_i + \alpha mmc_{it} + \beta \ln X_{it} + \varepsilon_{it} \tag{3.1}$$

其中，i 表示地区，t 表示时间，λ_i 是各地区非时变特质。$\ln Y_{it}$ 是住房市场的典型变量，作为被解释变量；mmc_{it} 表示婚配竞争程度，作为关注变量；$\ln X_{it}$ 是影响住房市场的其他因素，作为控制变量；ε_{it} 是随机扰动项。

根据前述理论分析，当住房充当婚姻市场的信号载体时，其功能的发挥可能会受到地区经济实力的影响而呈现出非线性特点，故应该建立面板门槛模型。同时，根据房地产供需理论，选择建造成本、人口规模、收入水平等作为控制变量参与建模。故将模型（3.1）修正为如下计量模型：

$$\ln Y_{it} = \lambda_i + \alpha_1 mmc_{it} I(\ln grp_{it} \leqslant \gamma_1) + \alpha_2 mmc_{it} I(\gamma_1 < \ln grp_{it} \leqslant \gamma_2) + \cdots$$
$$+ \alpha_{n+1} mmc_{it} I(\ln grp_{it} > \gamma_n) + \beta_1 \ln cc_{it} + \beta_2 \ln ps_{it} + \beta_3 \ln pcdi_{it} + \varepsilon_{it}$$
$$\tag{3.2}$$

其中，$\ln grp$ 是反映地区经济实力的门槛变量，γ 是门槛值；$I(\cdot)$ 是示性函数，当且仅当括号中的条件满足时取值为 1，否则为 0；$\alpha_1 \sim \alpha_{n+1}$ 反映经济发展水平不同的地区，其婚配竞争对住房市场的影响；$\beta_1 \sim \beta_3$ 分别表示建造成本、人口规模和收入水平对住房市场的影响；其他符号含义同式（3.1）。

3.3.2　变量与数据

房价是住房市场最重要、最直观，也是居民最为关心的指标，故选取商品住宅价格作为被解释变量。婚配竞争本身是抽象概念，在我国主要是由于长期的性别比例失衡而加剧，故选取总体男女性别比例作为其替代变量。选取地区生产总值作为门槛变量来反映各个地区的经济实力状况。选取房地产开发竣工房屋造价、年末城镇人口数量、城镇居民人均可支配收入作为建造成本、人口规模和收入水平的代理变量。

样本数据是中国 31 个省（自治区、直辖市）2007～2016 年的年度面板数据，数据来自历年的《中国统计年鉴》。对房价、地区生产总值、房屋造价和可支配收入 4 个指标进行了去通胀处理，并对它们和人口数量指标取对数，以消除可能存在的异方差。实证使用的软件是 Stata15。各变量的描述性统计如表 3 - 1 所示。

表 3 – 1   各变量的描述性统计

变量	均值	标准差	最小值	最大值
商品住宅销售价格（lnY）	4.0127	0.4833	3.1813	5.8874
男女总体比例（mmc）	104.4763	3.7594	94.6500	120.4300
地区生产总值（lngrp）	9.3379	1.0415	5.8331	11.3004
房地产开发竣工房屋造价（lncc）	2.9804	0.2783	2.2601	3.8053
年末城镇人口数量（lnps）	7.4211	0.9320	4.1271	8.9374
城镇居民人均可支配收入（lnpcdi）	5.2087	0.4301	4.6064	10.3579

3.3.3 变量平稳性检验

为了避免出现伪回归，运用 LLC 检验、IPS 检验、Fisher – AD 检验和 Fisher – PP 检验对各变量做平稳性检验，结果如表 3 – 2 所示。

表 3 – 2   各变量平稳性检验结果

变量	LLC 检验		IPS 检验		Fisher – AD 检验		Fisher – PP 检验	
	统计量	P 值	统计量	P 值	统计量	P 值	统计量	P 值
lnY	– 13.5941	0.0000	– 1.3965	0.0015	322.2946	0.0000	122.4005	0.0000
mmc	– 7.4274	0.0000	– 3.1315	0.0009	232.9846	0.0000	111.0895	0.0001
lngrp	– 7.5290	0.0000	– 4.9528	0.0000	173.6614	0.0000	388.0184	0.0000
lncc	– 12.2544	0.0000	– 3.0915	0.0010	226.9047	0.0000	302.5764	0.0000
lnps	– 2.3720	0.0088	– 1.0699	0.0000	154.7285	0.0000	231.9504	0.0000
lnpcdi	– 10.5339	0.0000	– 1.4368	0.0023	172.8092	0.0000	228.5761	0.0000

由表 3 – 2 可知，在 5% 的显著性水平下，所有变量的 4 种单位根检验结果均拒绝了有单位根的原假设，即均通过了平稳性检验，可以直接参与建模。

3.3.4 门槛效应检验

使用面板门槛模型时，需要确定是否存在门槛效应以及门槛的个数。根据 Hansen 的研究，依次设定单一门槛、双重门槛、三重门槛对门槛效应进行显著性检验，结果见表 3 - 3。

表 3 - 3　　　　　　　　　　门槛效应检验

门槛值检验	F 值	P 值	不同显著性水平的临界值		
			10%	5%	1%
单一门槛	14.36	0.0033	21.3409	26.2140	30.3869
双重门槛	14.50	0.0067	13.1273	15.6463	26.1561
三重门槛	9.38	0.3600	16.1347	22.4490	28.7798

由表 3 - 3 可知，单一门槛和双重门槛检验对应的 P 值分别为 0.0033、0.0067，在 5% 的显著水平下通过了检验；而三重门槛检验对应的 P 值为 0.3600，即在 5% 的显著水平下未通过检验。故下文选择双重门槛模型进行实证分析。

3.3.5　门槛值的估计

由表 3 - 4 所示，第一门槛估计值为 9.0673，对应的 95% 的置信区间为 [8.9368，9.1271]；第二门槛估计值为 9.9905，对应的 95% 的置信区间为 [9.8711，10.0058]。两个门槛值均在 95% 的置信区间内，门槛值的识别效果良好。

表 3 - 4　　　　　　　　　　门槛值估计结果

	门槛估计值	95% 的置信区间
第一门槛值	9.0673	[8.9368，9.1271]
第二门槛值	9.9905	[9.8711，10.0058]

根据两个门槛估计值，可将我国 31 个省（自治区、直辖市）划分为三类：经济落后地区（$\ln grp \leq 9.0673$），经济中游地区（$9.0673 < \ln grp \leq 9.9905$），以及经济发达地区（$\ln grp > 9.9905$）。经济实力位于第一门槛之下的有河北、山西、内蒙古等 21 个地区；介于第一门槛与第二门槛之间的

有天津、江苏、浙江等 7 个地区；经济实力位于第二门槛之上的有北京、上海、广东 3 个地区。下文通过比较三类地区回归系数的差异，检验门槛效应的作用，进而验证婚配竞争对住房市场的非线性影响。

3.3.6　面板门槛模型估计与分析

婚配竞争对住房市场的面板双门槛模型估计结果如表 3 - 5 所示。

表 3 - 5　　　　　　　　　面板双门槛模型估计结果

变量	回归系数	标准差	t 值	P 值
$lncc$	0.3761	0.0545	6.90	0.000
$lnps$	0.8411	0.1156	7.27	0.000
$lnpcdi$	0.0156	0.0240	0.65	0.517
mmc（$lngrp \leq 9.0673$）	0.6492	0.0025	2.63	0.009
mmc（$9.0673 < lngrp \leq 9.9905$）	0.7658	0.0025	3.10	0.002
mmc（$lngrp > 9.9905$）	0.9334	0.0024	3.84	0.000
$\bar{R}^2$	0.6516			
F&P	F = 116.56		P = 0.0000	

由表 3 - 5 可知，面板门槛模型的 $\bar{R}^2$ 为 0.6516，拟合程度良好。F 检验的 P 值为 0.0000，通过了联合显著性检验。除了可支配收入之外，其他变量均通过了 t 检验。

婚配竞争对中国住房市场的影响具有双门槛效应，即"丈母娘"效应具有双门槛特征。当地区生产总值小于 9.0673 时，房价的反应系数为 0.6492；当地区生产总值介于 9.0673 至 9.9905 时，房价的反应系数为 0.7658；当地区生产总值大于 9.9905 时，房价的反应系数为 0.9334。即在其他条件不变时，经济落后地区，男女性别比例每提高 1 个百分点，住房价格将上涨 0.6492%；经济中游和经济发达地区，男女性别比例每提高 1 个百分点，住房价格分别上涨 0.7658% 和 0.9334%。上述结果表明，婚配竞争的存在确实是住房价格不断上涨的重要原因，而且经济实力越强的地区，婚配竞争对住房价格的刺激作用越明显，呈现出显著的非线性特点。该结论反映出，经济实力越雄厚的地区，住房的信号功能越强大，适婚人群对其越会"趋之若鹜"，"丈母娘"对住房价格的拉动作用越大。同时，在一定程度上也说明了地区间房价出现分化的原因。

在控制变量中，竣工房屋造价的系数为正且作用显著，这表明造价对房价具有显著的推动作用。造价每上涨 1%，房价将上涨 0.3761%。造价上涨意味着开发成本增加，开发商必然要提高房价来维持利润。城镇人口数量的系数也为正且作用显著。人口数量每增加 1%，房价将上涨 0.8411%。城镇人口数量不断增加，再加之家庭规模日益小型化，会造成住房需求的不断增加，进而对住房价格产生正向影响。人均可支配收入对房价的作用并不显著，这说明样本期内住房价格的上涨已经有脱离居民的支付能力而虚高的趋势。

3.4　本章主要结论与政策启示

"婚房竞争""丈母娘需求"等风气的盛行给住房市场研究提供了新的切入点。本章利用修正的 Spence 信号传递模型剖析了婚姻市场的匹配竞争与住房市场的内在关联。在此基础上，使用我国 2007 ~ 2016 年的省级面板数据进行了面板门槛模型的估计，对理论分析结果进行了验证。主要研究结论有：第一，婚配竞争的确催生了"丈母娘经济"。为了降低逆向选择和谋求配对成功，适婚男性势必通过住房投资发出信号来显示自身的社会经济地位，进而造成住房需求的增加和房价的上涨。第二，"丈母娘"效应以非线性形态存在于住房市场。婚配竞争对住房市场具有显著的非线性影响，该影响受限于地区经济实力而存在双重门槛效应。第三，婚配竞争的不断加剧的确是房价持续上涨的重要原因。经济落后地区、中游地区和发达地区，总体男女性别比例每提高 1 个百分点，住房价格将分别上涨 0.6492%、0.7658% 和 0.9334%。经济实力越雄厚的地区，婚配竞争对住房价格的刺激作用越大，"丈母娘"对房价的拉动作用越大。

由上述结论可知，由性别比例长期失衡所造成的婚配竞争加剧的确会对住房市场产生显著的非线性影响。该结论为国内房价持续上涨、房价地区分化、住房调控低效等现象给出了新的解释，也为降低甚至消除"丈母娘经济"对住房市场的非理性推动提供了新的思路和参考。首先，要出台差异化的住房调控政策。依据婚配竞争对住房市场的门槛效应，将地区经济发展水平、适婚人群行为决策、性别结构特征等纳入地区住房需求及价格预测体系，在科学预测的基础上出台具有针对性的宏观调控政策，差别化地合理释放"丈母娘刚需"。其次，要培养适婚人群科学、健康的价值取向。积极宣传以情感为基础的婚恋观，转变婚姻市场中"物质化""婚房竞争"等不良社会风气，倡导女方及丈母娘在婚恋过程中对于人品、能力、素质等特征的追求，重点引导丈母娘在住房问题上给女婿"松松绑"。再次，要降低婚姻匹配过程中住房的地位性商品属性。加大保障性住房建设力度，推进"租售同权"发展租赁市场，建立和完善多主体供给、多渠道保障、租购并举的住房制度，实现普通家庭住有所居，以此来降低住房的地位性商品属性，优化住房以外其他载体的信号功能。最后，要转变"重男轻女"的腐朽思想。推动落实"男女平等"的基本国策，淡化人们在生育过程中的性别偏好，严格控制胎儿性别鉴定技术的应用，努力扭转中国性别结构长期失衡的局面。

第 4 章

婚配竞争对住房市场的作用路径研究[①]

4.1 引言

第七次全国人口普查数据显示，性别失衡仍是未来我国人口的重要结构特征。性别失衡带来的最为直接的后果就是婚姻市场中男性的大量过剩，即适婚人群的性别失配。同时，社会的传统和现实是，夫妻双方存在婚姻梯度，女性以向上成婚为主流成婚策略，男性需通过条件改善来获得优质婚姻配偶，表现为一种"婚配竞争"现象。鉴于该现象，在极具竞争性的婚姻市场，适婚男性会采用各种手段来提升其竞争力。此时，住房已经不再是简单的消费品，而是逐渐演变成了财富、身份的代名词，其附加属性更是受到适婚人群的关注。

国内外学者关于婚姻缔结与住房市场的关系研究，主要集中在以下两个方面。一是婚姻人口与住房市场的关系。学者们普遍认为婴儿潮带来的婚姻人口冲击是住房价格上涨的重要原因（Ohtake and Shintani，1996）。国内学者的问卷数据、统计数据分析均显示生育高峰出生的"80后"结婚买房刺激了房价上升（肖小平，2013；刘学良、吴璟、邓永恒，2016）。同时，青年群体性别失衡也成为学者们关注的重点，认为性别失衡加大了婚配难度，

---

① 本章主要内容是在李斌、郭明杰、张所地、赵华平合著论文《家庭财富代际转移视角下的婚配竞争与住房市场——来自中国 286 个地级市的经验证据》基础上形成，该文发表于《数理统计与管理》2021 年第 40 卷 6 期，第 987～1005 页。

男方家庭的攀比会促使住房面积更大、价格更高（Wei and Zhang, 2011；张安全、张立斌、郭丽丽，2017），甚至造成父母对儿子的过度投资（Bhaskar and Hopkins, 2011）。住房作为地位性商品的需求随之增大，这是房价上涨的重要原因（李斌、蒋娟娟、张所地，2018）。二是婚姻家庭观念与住房市场的关联。婚姻观、家庭观都会影响家庭成员的行为决策，并最终传导到住房市场。目前多数地区仍要求男方买房成婚（零点调查与指标数据项目组，2013），为此青年群体的住房消费表现为典型的"婚姻驱动型"（吴义东、王先柱，2018）。农村家庭为了实现婚配，男性会追求数量更多、面积更大的婚房（Fang and Tian, 2018；方丽、田传浩，2016）。总之，房子能给中国人带来家的归属感，"婚房"已成为横亘在年轻人结婚门槛前的一道难题（刘洪波，2008）。

婚姻缔结与住房市场连接过程中，家庭财富的代际转移起到了重要的桥梁作用，是家庭破解婚房难题的重要手段。结婚支出不仅是消费问题，还存在家庭财富的代际转移（李拾娣、刘启明，2015）。在城市，父母不得不帮助无力购房甚至首付都拿不出的子女安家置业，代际向下转移日益普遍（苏宗敏，2019）。但也有学者持不同观点，认为代际转移从下向上更为主流（Quashie, 2015；Dahee and Peter, 2019）。在农村，家庭财富主要是通过父母为子建房、支付彩礼等形式实现代际转移（李拾娣、刘启明，2015），以便将来靠儿养老（靳小怡、李树苗、朱楚珠，2002）。从代际转移的动机来看，学者们有利他主义、交换利己主义两大类机制假设。亲情和对家庭弱势成员的利他倾向，导致家庭财富的代际转移（Kim、Choi and Chatterjee et al. , 2012），但父母辈也可能为了老年时获得更多子女照料而对子女进行资助（Norton、Nicholas and Huang, 2014）。而由于受传统观念的影响，中国的代际转移更多地表现出利他主义倾向（刘岩，2015），更多是为了提高子代获取收入的能力（阮敬、刘雅楠，2019）。此外，由于住房具有消费、投资的两面性，在资助子女购房结婚的同时，也同步实现了家庭财富的积累，进一步凸显出代际转移在家庭传承延续方面的作用（王春萍、梁慧芝，2011）。

婚配竞争与住房市场的关系问题是广大青年家庭实现"安居梦"和构建和谐社会所必须重视的问题之一，二者的关联很有可能是当前住房市场运行规律剖析和发展趋势预判的关键，而这恰恰是当前研究缺失的一环。因此，关于婚配竞争与住房市场的关系研究不能止于对"丈母娘效应"的浅层描述，而应在适婚人群性别失配的大背景下将其置于住房市场运行规律研究的链条之中，深入揭示隐藏在现象背后的机理，从而在理论和实践中对二者的传导原理做出本质性解释。对上述问题进行探索性解答对于民生改善、社会和谐、推动高质量发展都是必要和重要的。

4.2　理论模型与研究假设

4.2.1　理论模型构建

本章研究的主要问题是婚配竞争影响住房价格的作用路径是什么。为了厘清该传导过程，从个人生命周期内实现效用最大化的决策着手，利用包含了家庭新老交替的世代交叠模型和考虑了动态最优的贝尔曼方程来构建理论模型以分析婚配竞争与住房价格间的内在关联。基于已有研究和现有理论，所建理论模型的假设条件如下：

第一，每个人的生命周期可划分为 3 期。即幼年期、成年期和老年期，分别记为第 1 期、第 2 期及第 3 期。

第二，人在生命周期中的消费主要包含一般商品消费和住房消费。一般商品消费在生命周期的三个阶段都会发生，而住房消费则仅发生于成年时期。即在幼年期时，与父母同住；在老年期时，则独立住在成年期所购房屋并且没有新的住房投资和消费。

第三，在幼年期时，个人没有收入来源，主要依靠父母的养育并与父母同住一个住房。在成年期时，个人有收入，并为了结婚而通过贷款、接受父母资助等多种渠道购买婚房并生养子女，生育率为 n；这一时期将获得父母的住房遗产。在老年期时，个人有收入，由于婚姻市场上竞争激烈，必须资助子女购买婚房以实现家庭传承、血脉延续；将房产作为唯一形式的遗产留给成年子女，生命结束时累积财富为 0。

假定个体在生命周期内关于一般商品和住房的效用函数采用 C – D（柯布 – 道格拉斯）函数形式，即：

$$U_{i,t} = \alpha \ln C_{i,t} + (1-\alpha) \ln H_{i,t} \tag{4.1}$$

式（4.1）中，$U_{i,t}$、$C_{i,t}$、$H_{i,t}$ 分别表示第 i 代人第 t 期的效用、一般商

品消费和住房消费（面积）。

家庭经济学认为父母的利他心使其效用不仅来自自己的消费，还与子女的福利状态紧密相关。无论是出于父母对子女的爱护心理，还是父母在社会关系中接触到的关于子女生活的评价，都使得子女的工作情况、生活状态和婚姻状况会直接或间接地影响父母的最终效用。故将第 i 代子女幼年时期的效用，以及第 i 代人给予子女的住房帮助纳入其效用函数。将其包含在效用函数后，第 i 代人生命周期内效用最大可表示为：

$$\max\left\{\sum_{t=1}^{3}\beta^t U_{i,t}+\eta_{i+1}U_{i+1,1}+m_{i+1}\eta_{i+1}\ln P_{i+1,2}H_{i+1,2}\right\} \tag{4.2}$$

此时，第 i 代人面临的预算约束公式为：

$$W_{i,2}=\left[y_{i,2}+m_i\eta_i P_{i,2}H_{i,2}-dP_{i,2}H_{i,2}-C_{i,2}-(1+n)C_{i+1,1}\right](1+r)$$
$$+(1+n)^{-1}P_{i-1,3}H_{i-1,2} \tag{4.3}$$

$$W_{i,3}=\left[W_{i,2}+y_{i,3}-m_{i+1}\eta_{i+1}P_{i+1,2}H_{i+1,2}-C_{i,3}-(1-d)(1+R)P_{i,2}H_{i,2}\right](1+r)$$
$$-P_{i,3}H_{i,2}=0 \tag{4.4}$$

式（4.4）中，$W_{i,2}$、$W_{i,3}$ 分别表示第 i 代人在成年期、老年期积累的财富；$y_{i,2}$、$y_{i,3}$ 分别表示第 i 代人成年期、老年期获得的收入；$C_{i,2}$、$C_{i,3}$、$C_{i+1,1}$ 分别表示第 i 代人在成年期、老年期的一般商品消费，以及第 $i+1$ 代人在幼年期的一般商品消费；$H_{i,2}$、$H_{i+1,2}$、$H_{i-1,2}$ 分别表示第 i 代人在成年期的住房消费，第 $i+1$ 代人在成年期的住房消费，以及第 $i-1$ 代人在老年期卖出的住房面积（因为个体在成年期购买的住房面积至生命结束时不变）；$P_{i,2}$、$P_{i,3}$、$P_{i-1,3}$ 分别表示第 i 代人在成年期、老年期时的房价，以及第 $i-1$ 代人在老年期出售房屋时的房价；m_i、m_{i+1} 分别表示第 i 代人和第 $i+1$ 代人成年期时婚姻市场的婚配竞争程度；η_i 表示第 i 代人的父母（即 $i-1$ 代人）的利他行为能力，因为父母的收入决定了财富代际转移程度的上限，生育率决定了财富代际转移的目标人数，因此 η_i 由第 $i-1$ 代人的生育率和收入决定；n 表示平均生育率，将第 i 代人口数量标准化为 1 时，$(1+n)^{-1}$、$(1+n)$ 分别表示第 $i-1$ 代、第 $i+1$ 代的人口数量；d 表示贷款首付比例，R 表示贷款利率，r 表示存款利率；一般商品的价格标准化为 1。$(1+n)^{-1}P_{i-1,3}H_{i-1,2}$ 表示 i 代接受的 $i-1$ 代的住房转移，$P_{i,3}H_{i,2}$ 类推。

在第 3 阶段，即 i 代老年期对应的贝尔曼方程为：

$$V_1(W_{i,2})=\max_{C_{i,3},H_{i,3},D_{i+1,2}}\left\{\left[\alpha\ln C_{i,3}+(1-\alpha)\ln H_{i,3}+m_{i+1}\eta_{i+1}\ln D_{i+1,2}+\beta V_0(M_{i,3})\right]\right\}$$

$$\tag{4.5}$$

预算约束条件为：

$$W_{i,3} = \left[W_{i,2} + y_{i,3} - m_{i+1}\eta_{i+1}P_{i+1,2}H_{i+1,2} - C_{i,3} - (1-d)(1+R)P_{i,2}H_{i,2} \right](1+r)$$
$$- P_{i,3}H_{i,2} = 0$$
$$C_{i,3} \geqslant 0, \quad H_{i,2} \geqslant 0, \quad m_{i+1}\eta_{i+1}P_{i+1,2}H_{i+1,2} \geqslant 0 \tag{4.6}$$

其中，令 $P_{i+1,2}H_{i+1,2} = D_{i+1,2}$ 表示子女需要父母给予的购房资助，父母需将财富分配到该决策中以使整体效用最大。但由于不同家庭中父母代的收入与家庭生育率有差别，加之婚配竞争程度不同，综合作用才是子女实际获得的财富转移数量与效用，$m_{i+1}\eta_{i+1}P_{i+1,2}H_{i+1,2}$、$m_{i+1}\eta_{i+1}\ln P_{i+1,2}H_{i+1,2}$ 分别表示真实的财富转移数量和子女从中获得的实际效用。

由于假设一代人仅在成年期购房且不再有其他住房消费，故在第三期时，住房消费为 0，$H_{i,3}$ 带来的效用为 0，在决策中不予考虑。该期最优决策的一阶条件为 $\dfrac{\partial V_1}{\partial C_{i,3}} = 0$，$\dfrac{\partial V_1}{\partial D_{i+1,2}} = 0$，解得：

$$C_{i,3}^* = \frac{\alpha\left[W_{i,2} + y_{i,3} - (1-d)(1+R)P_{i,2}H_{i,2} - \dfrac{P_{i,3}H_{i,2}}{1+r} \right]}{\alpha + m_{i+1}^2\eta_{i+1}^2} \tag{4.7}$$

$$D_{i+1,2}^* = \frac{W_{i,2} + y_{i,3} - (1-d)(1+R)P_{i,2}H_{i,2} - \dfrac{P_{i,3}H_{i,2}}{1+r}}{\alpha + m_{i+1}\eta_{i+1}} \tag{4.8}$$

对应可得值函数：

$$V_1(W_{i,2}) = \alpha\ln C_{i,3}^* + m_{i+1}\eta_{i+1}\ln D_{i+1}^* \tag{4.9}$$

继续迭代值函数可得第 2 阶段，即 i 代成年期对应的贝尔曼方程为：

$$V_2(W_{i,1}) = \max_{C_{i,2},H_{i,2},C_{i+1,1}} \{ \alpha\ln C_{i,2} + (1-\alpha)\ln H_{i,2} + \eta_{i+1}C_{i+1,1} + \beta V_1(W_{i,2}) \} \tag{4.10}$$

该阶段的约束条件为：

$$W_{i,2} = \left[y_{i,2} + m_i\eta_i P_{i,2}H_{i,2} - dP_{i,2}H_{i,2} - C_{i,2} - (1+n)C_{i+1,1} \right](1+r)$$
$$+ (1+n)^{-1}P_{i-1,3}H_{i-1,2}$$
$$C_{i,2} \geqslant 0, \quad C_{i+1,1} \geqslant 0 \tag{4.11}$$

将式（4.9）代入式（4.10）得：

$$V_2(W_{i,1}) = \max_{C_{i,2},H_{i,2},C_{i+1,1}} \left\{ \begin{array}{l} \alpha\ln C_{i,2} + (1-\alpha)\ln H_{i,2} + \eta_{i+1}C_{i+1,1} + \\ \beta(\alpha\ln C_{i,3}^* + m_{i+1}\eta_{i+1}\ln D_{i+1,2}^*) \end{array} \right\}$$

构造拉格朗日函数：

$$L = \alpha \ln C_{i,2} + (1-\alpha)\ln H_{i,2} + \eta_{i+1}C_{i+1,1} + \beta(\alpha \ln C_{i,3}^* + am_i\eta_{i+1}\ln D_{i+1,2}^*)$$
$$- \lambda \{ W_{i,2}(1+n)^{-1}P_{i-1,3}H_{i-1,2} - (1+r)[y_{i,2} + m_i\eta_i P_{i,2}H_{i,2}$$
$$- dP_{i,2}H_{i,2} - C_{i,2} - (1+n)C_{i+1,2}]\}$$

根据一阶条件有：$\dfrac{\partial L}{\partial C_{i,2}} = 0$，$\dfrac{\partial L}{\partial H_{i,2}} = 0$，$\dfrac{\partial L}{\partial C_{i+1,1}} = 0$，$\dfrac{\partial L}{\partial \lambda} = 0$，根据上述所得，消除 λ，可求得：

$$C_{i,2}^* = \frac{\alpha(1+n)}{\eta_{i+1}} \tag{4.12}$$

$$H_{i,2}^* = \frac{(1-\alpha)\ (1+n)}{\eta_{i+1}P_{i,2}\ (d - m_i\eta_i)} \tag{4.13}$$

$$C_{i+1,1}^* = \frac{1}{1+n}\left[y_{i,2} - \frac{W_{i,2} - (1+n)^{-1}P_{i-1,3}H_{i-1,2}}{1+r} - \frac{1+n}{\eta_{i+1}} \right] \tag{4.14}$$

将 $C_{i,3}^*$，$C_{i,2}^*$，$H_{i,2}^*$，$C_{i+1,1}^*$ 代入式（4.3）和式（4.4）可得：

$$P_{i,3} = \frac{1+r}{H_{i,2}^*}\big[(y_{i,2} + m_i\eta_i P_{i,2}H_{i,2}^* - dP_{i,2}H_{i,2}^* - C_{i,2}^* - (1+n)C_{i+1,1}^*)(1+r)$$
$$+ (1+n)^{-1}P_{i-1,3}H_{i-1,2} + y_{i,3} - m_{i+1}\eta_{i+1}P_{i+1,2}H_{i+1,2}$$
$$- C_{i,3}^* - (1-d)(1+R)P_{i,2}H_{i,2}^* \big] \tag{4.15}$$

根据住房存量—流量模型，住房供给可表示为：

$$H_{i+1,2}^S = H_{i+1,2}^{new} + H_{i+1,2}^{stock} - \delta H_{i+1,2}^{stock}$$

式中，$H_{i+1,2}^S$ 为第 $i+1$ 代人在成年时期的住房供给，$H_{i+1,2}^{new}$ 是新房供给，$H_{i+1,2}^{stock}$ 是二手房供给，δ 表示住房折旧率。当不考虑住房折旧时，由于二手可售房源来自第 i 代人老年期末所留遗产，则上式可以表示为：

$$H_{1+1,2}^S = H_{i+1,2}^{new} + H_{i,2}$$

将该式代入式（4.15），即令 $H_{i+1,2}^S = H_{i+1,2}^D$ 可得市场均衡价格：

$$P_{i,3} = \frac{(1+r)XY}{ZH_{i,2}^*}\Big[(1+r)\Big(m_i\eta_i P_{i,2}H_{i,2}^* - dP_{i,2}H_{i,2}^* - \frac{(1-\alpha)(1+n)}{\eta_{i+1}}$$
$$+ \frac{W_{i,2} - (1+n)^{-1}P_{i-1,3}H_{i-1,2}}{1+r} \Big) + (1+n)^{-1}P_{i-1,3}H_{i-1,2} + y_{i,3}$$
$$- \frac{\alpha[W_{i,2} + y_{i,3} - (1-d)(1+R)P_{i,2}H_{i,2}^*]}{\alpha + m_{i+1}^2\eta_{i+1}^2} - (1-d)(1+R)P_{i,2}H_{i,2}^* \Big] \tag{4.16}$$

其中，为了书写简便保留了 $H_{i,2}^*$，且：

$$X = \eta_{i+1}(1+r)(\alpha + m_{i+1}^2 \eta_{i+1}^2)$$

$$Y = P_{i,2}(m_i \eta_i - d)$$

$$Z = XY(1 + m_{i+1}\eta_{i+1}H_{i+1,2}^{new}) + (m_{i+1}X - Y)(1-\alpha)(1+n)$$

由式（4.16）可知，住房均衡价格由婚配竞争程度 m、家庭财富代际转移 $m\eta PH$、人口数量（$1+n$）、父母利他能力 η、贷款利率 R、存款利率 r、贷款首付比 d、住房供给 H^{new} 等因素共同决定。其中，第3期价格 $P_{i,3}$ 受 m_{i+1} 影响，对 m_{i+1} 求一阶导数并化简可得：

$$\frac{\partial P_{i,3}}{\partial m_{i+1}} = \frac{\begin{array}{c}\alpha\eta_{i+1}^2 P_{i,2}(1+r)^3(m_i\eta_i - d)[W_{i,2} + y_{i,3} - (1-d)(1+R)P_{i,2}H_{i,2}][2\eta_{i+1}^3 m_{i+1}Y \\ + \alpha\eta_{i+1}^2 H_{i+1,2}^{new}Y + 3\eta_{i+1}^4 m_{i+1}^2 H_{i+1,2}^{new}Y + \alpha(1-\alpha)(1+n)\eta_{i+1} \\ + 3(1-\alpha)(1+n)\eta_{i+1}^3 m_{i+1}^2]\end{array}}{(1-\alpha)(1+n)Z^2[X + m_{i+1}\eta_{i+1}H_{i+1,2}^{new}X - (1-\alpha)(1+n)]}$$

$$(4.17)$$

由式（4.17）易知，婚配竞争程度 m 对住房价格 P 的作用方向由婚配竞争程度 m、人口数量 $1+n$、父母利他行为能力 η 等诸多因素共同决定。

4.2.2　研究假设的提出

以下在式（4.17）基础上，做进一步的讨论和分析。

当 $Y > 0$，即 $m_i\eta_i > d$ 时。该情形下，家庭财富代际转移数量在住房市场起重要作用。具体分析如下：

①若 $X + m_{i+1}\eta_{i+1}H_{i+1,2}^{new}X > (1-\alpha)(1+n)$，则式（4.17）为正：一般情形下，当第 i 代人成年期购房结婚时，如果父母给予的资助大于购房支出（首付款），则第 i 代人更容易实现家庭的组建延续，也改善了自己的财富状况。当第 i 代人老年期时，婚姻市场竞争压力使得子女需要其资助购房时，其较高的父母利他行为能力会使得 $i+1$ 代人得到更多数量的资助，进而提高住房市场的有效需求，对房价产生正向影响。这意味着婚配竞争会通过上代人对子女的财富代际转移数量发挥对住房需求的正向作用，从而推动房价上涨。

②若 $X + m_{i+1}\eta_{i+1}H_{i+1,2}^{new}X < (1-\alpha)(1+n)$，则式（4.17）为负：在房价上涨已超出市场吸纳能力的特殊情形下，虽然父母给予的资助大于购房支出（首付款），但若第 i 代人购房结婚，则婚后面临着高额月供，财富状况恶化。当第 i 代人老年期时，婚配竞争使得子女需要其资助购房时，其父母利他行为能力的不足也可能会使 $i+1$ 代人得到少量甚至无法得到财富转移。

由于得到上代人的财富转移的数量不足，且面临高房价下结婚所带来的低效用，则第 $i+1$ 代人可能退出住房市场甚至婚姻市场。此时，住房市场有效需求降低，婚配竞争对房价产生负向影响。

当 $Y \leq 0$ 时。此时，由于财富代际转移不足，则 $i+1$ 代人成年时，影响购房能力的其他诸多因素会起主要作用，式（4.17）难以确定符号。

综上所述，婚配竞争对住房价格的影响机制较为复杂，影响的方向是难以确定的。

基于上述分析，提出如下假设：

H1：婚配竞争会对住房价格产生显著影响。

同时，由于适婚人群婚配竞争态势短期内难以改善，青年群体亟须购房以展现自身和家庭实力，而高房价偏又使得该类人群无法靠一己之力独立购房。为此，住房（或首付）便成为当前中国家庭财富代际转移的主要媒介。

代际转移是指财富在不同代之间转移，根据婚姻市场的现实本章特指财富由父母向子女的流动。婚配竞争为什么会引起家庭财富代际转移？这是因为是否拥有住房是女性择偶的重要标准，随着房价上涨，该标准正在替代传统标准。父母辈可能会出于利他主义动机，在子女需要的情况下给予其经济支持；也可能会出于老年保障、投资回报、交换动机，以及自我中心主义、非预期遗产等利己主义动机对子女进行帮助。其中，国内较为流行的观点就是利他主义动机，在婚姻市场竞争激烈而子女又无力独立购房的情况下，父母辈会出于纯粹的亲情和浓重的利他思想来帮助子女，在购房款特别是首付上给予支持，甚至是整房赠予，进而形成财富代际转移。现实中，适婚人群购买婚房可能不仅"举全家之力"，甚至牵动两代乃至三代人的财富转移，使得适婚人群住房购买力极大增强。这对住房需求、价格也必然产生影响。由式（4.16）中也不难看出，婚配竞争程度 m_i 的增加，会影响财富代际转移数量 $m_i \eta_i p_{i,2} H_{i,2}$ 的大小，财富代际转移数量的多少又对住房市场的有效需求产生影响，进而影响房价。同时，由前述房价均衡模型推导过程可知，当父母利他能力不同时（η_i 和 $\dfrac{d}{m_i}$ 关系不同，即 Y 大于或小于等于 0），婚配竞争所引起的家庭财富代际转移数量不同，转移动机也会发生变化，进而对住房价格产生异质影响。

故形成如下假设：

H2：家庭财富代际转移在婚配竞争与住房价格间起中介作用。

H3：父母利他行为能力作为调节变量，在财富代际转移对婚配竞争与住房价格的中介效应中起调节作用。

其中，调节变量对中介过程的作用又分为对直接路径、前半路径和后半路径的调节；当至少一组成立时，中介效应受到调节。

进一步地，由于我国地大物博的地理属性，各城市人口结构、经济实力、文化传统、资源禀赋、自然条件等各不相同，使得各城市婚姻圈层的覆盖范围、婚姻市场的开放性与信息不对称程度，以及婚姻风俗等都有差异，因此婚姻市场与住房市场均呈现分布不均的特点，二者的关系也可能会随城市特征的不同而出现分异，故提出如下假设：

H4：婚配竞争对住房价格的影响会随城市特征的变化而呈异质性。

基于理论模型提出的四则假设较为系统地反映了婚配竞争影响住房价格的内在机制，该机制分析可用图4－1清楚表达。下文将通过实证分析对上述四则假设进行检验。其中，$H3_1$、$H3_2$、$H3_3$ 分别表示调节变量对中介过程直接路径、前半路径以及后半路径有调节作用。

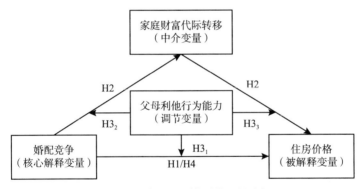

图4－1 基于理论模型的机制分析

4.3 研究设计

4.3.1 研究对象与数据来源

本章实证部分的研究对象为我国除港澳台地区以外的地级及以上城市。

鉴于部分城市的新设、撤销以及数据缺失量大，在全国 293 个地级市基础上进行以下处理：①在衡量婚配竞争时，需要在各城市统计年鉴中收集男女人口数量来计算性别比，剔除手工查阅后仍缺失较多数据的样本。②在衡量家庭财富代际转移数量时，较早年份的人均住房建筑面积数据缺失较多，故以 2005 年为起始年份。③对于原始数据中其他变量的个别缺失值，通过年均增速补值法和省际指标代替法加以补充。④为确保样本的一致性，剔除掉 2011 年后新设为地级市的样本和撤销掉的地级市，如巢湖市、毕节市、铜仁市等。最终选取了 286 个地级及以上城市为研究对象，时间序列长度为 2005～2017 年，共计 48 334 个观测数据。使用的数据均来自《中国统计年鉴》《中国城市统计年鉴》《中国人口统计年鉴》《中国区域经济统计年鉴》以及各省市统计年鉴和 WIND 数据库。

4.3.2 变量选择与说明

本章的变量包括被解释变量、核心解释变量、中介变量、调节变量和控制变量。为了研究婚配竞争对住房价格的影响机制，将被解释变量选定为房价（hp），用各城市商品住宅平均销售价格表示。另外，稳健性检验部分房价变量用各城市商品房平均销售价格（HP）代替。本章关注的核心解释变量是婚配竞争（mmc），结合国内婚姻市场上适婚人群性别失配的严峻现实和数据可得性，使用人口性别比来衡量婚配竞争。鉴于各城市适婚人群的性别比数据难以获得，人口普查数据则仅包括了某一年的人口数据，无法整合本章的面板数据。最终采用各城市总人口性别比来表示婚配竞争，该性别比由各城市的户籍男女性人口之比所得。

根据前述所建理论模型与 H2，选取家庭财富代际转移数量（$itfw$）为中介变量。家庭财富代际转移数量与父母和子女的特征变量有关，而房产是影响中国家庭财富的关键因素。同时，理论模型中第 i 代人老年期时有独立收入，不接受子女的转移，且在第三期结束时将房产等累积财富转移给子女；父母的储蓄及拥有的住房是所累积财富的主要构成。故父母对子女的财富转移主要包括资金和房子，可由人均住房建筑面积、城市人均储蓄两个变量来测度。

郭显光（1998）指出熵值法克服了主观赋权法的随机性、臆断性及多指标变量的信息重复问题，并给出了熵值法的计算步骤，据此计算出各个城市的财富代际转移数量测度值。

依据所建理论模型与 H3，选取父母利他行为能力（*pac*）为调节变量。由理论模型可知，该变量大小由父母收入与生育率所决定。模型中的生育率是为了表示家庭中接受父母资助的子女数量，考虑数据的可得性，使用少儿抚养比表示。最终使用城市在岗职工平均工资与省际少儿抚养比的加权值来表征父母利他行为能力。使用与中介变量相同的方法量化父母利他行为能力，北京市的计算结果如表 4-1 所示。

表 4-1　　　　　基于熵值法的北京市家庭财富代际转移数量和
父母利他行为能力测度结果

年份	家庭财富代际转移数量单指标评价值		家庭财富代际转移数量综合评价值	父母利他行为能力单指标评价值		父母利他行为能力综合评价值
	人均储蓄	人均住房建筑面积		职工平均工资	少儿抚养比	
2005	0.0000	0.0000	0.0000	0.0000	0.2492	0.2492
2006	0.0313	0.1325	0.1638	0.0367	0.2110	0.2477
2007	0.0397	0.1765	0.2162	0.0763	0.1437	0.2201
2008	0.0943	0.1811	0.2753	0.1372	0.1562	0.2933
2009	0.1805	0.1846	0.3651	0.1484	0.1830	0.3314
2010	0.5413	0.0415	0.5827	0.1951	0.0920	0.2872
2011	0.2853	0.1072	0.3925	0.2580	0.0000	0.2580
2012	0.3424	0.1760	0.5184	0.3167	0.0838	0.4005
2013	0.3728	0.2488	0.6217	0.3706	0.1603	0.5309
2014	0.3923	0.3247	0.7170	0.4288	0.1944	0.6233
2015	0.3855	0.4082	0.7937	0.4888	0.2234	0.7122
2016	0.4790	0.4481	0.9271	0.5487	0.3557	0.9045
2017	0.5046	0.4587	0.9633	0.6246	0.3754	1.0000

根据住房均衡价格模型式（4.16）和张安全、张立斌和郭丽丽（2017），刘鹏和张运峰（2018）等的做法，选取人口数量、住房供给、贷款利率、存款利率、经济发展和收入水平为控制变量。由于住房贷款时限往

往较长，故选用五年以上贷款利率；家庭在生命周期中为了保证存款收益最大化，除了保留必要的流动性外，更多地偏向利率较高的方式，故选用三年的定期存款利率。上述各变量名称与代理指标如表4－2所示。

表4－2   变量及其含义

类型	变量	符号	指标
被解释变量	房价	*hp*	商品住宅平均销售价格
	房价（稳健性检验）	*HP*	商品房平均销售价格
核心解释变量	婚配竞争	*mmc*	总人口性别比
中介变量	家庭财富代际转移数量	*itfw*	人均储蓄与人均住房建筑面积的熵值法测度值
调节变量	父母利他行为能力	*pac*	在岗职工平均工资与少儿抚养比的熵值法测度值
控制变量	人口数量	*po*	年末总人口
	住房供给	*hs*	房地产开发投资完成额
	贷款利率	*lr*	五年以上贷款基准利率
	存款利率	*dr*	三年期存款基准利率
	经济发展	*avgdp*	人均国内生产总值（人均GDP）
	收入水平	*avincome*	城镇居民人均可支配收入

4.3.3 实证方法设计

（1）传导机制检验

由理论模型及H2、H3可知，婚配竞争通过家庭财富代际转移数量影响房价，而父母利他行为能力又影响财富转移数量的中介效应。依据巴伦和肯尼（Baron and Kenny，1986），温忠麟、张雷和侯杰泰（2006）的做法，尝试建立有调节的中介效应模型对H2、H3进行假设检验。

基于已有研究，将检验模型设计为两个部分：在第一部分，检验家庭财富代际转移数量是否在婚配竞争对房价的影响中起中介作用；在第二部分，首先检验父母利他行为能力是否调节直接效应，再检验其对中介过程前后路径的调节作用。

第一部分检验中介效应。采用依次检验法，通过方程（4.18）检验婚配竞争对房价的影响是否显著，通过方程（4.19）检验婚配竞争对家庭财富代际转移数量的影响是否显著，通过方程（4.20）检验家庭财富代际转移数量对房价的影响是否显著。

$$hp_{it} = \alpha_1 + \beta_1 mmc_{it} + \rho_1 controls_{it} + \varepsilon_{it} \tag{4.18}$$

$$itfw_{it} = \alpha_2 + \beta_2 mmc_{it} + \rho_2 controls_{it} + \varepsilon_{it} \tag{4.19}$$

$$hp_{it} = \alpha_3 + \beta_3 mmc_{it} + \gamma_3 itfw_{it} + \rho_3 controls_{it} + \varepsilon_{it} \tag{4.20}$$

第二部分检验调节效应。第一步，通过方程（4.21）检验系数 β_4、θ_4 是否显著，检验自变量和交互项的系数即 θ_4 可判断父母利他行为能力是否调节婚配竞争影响房价的直接效应。第二步，通过方程（4.22）检验系数 β_5、θ_5 是否显著，再通过方程（4.23）检验 γ_6、ω_6 是否显著：若 θ_5、γ_6 均显著不为 0 则调节前半路径，若 β_5、ω_6 均显著不为 0 则调节后半路径，若 θ_5、ω_6 均不等于 0 则调节前后路径，其中至少一组成立则表明中介效应受到调节。

$$hp_{it} = \alpha_4 + \beta_4 mmc_{it} + \delta_4 pac_{it} + \theta_4 mmc_{it} \times pac_{it} + \rho_4 controls_{it} + \varepsilon_{it} \tag{4.21}$$

$$itfw_{it} = \alpha_5 + \beta_5 mmc_{it} + \delta_5 pac_{it} + \theta_5 mmc_{it} \times pac_{it} + \rho_5 controls_{it} + \varepsilon_{it} \tag{4.22}$$

$$hp_{it} = \alpha_6 + \beta_6 mmc_{it} + \gamma_6 itfw_{it} + \delta_6 pac_{it} + \theta_6 mmc_{it} \times pac_{it}$$
$$+ \omega_6 itfw_{it} \times pac_{it} + \rho_6 controls_{it} + \varepsilon_{it} \tag{4.23}$$

（2）异质性检验

该部分拟选择城市地理区位、城市规模两个特征展开进一步分析。将 286 个地级市归入不同类别以进行对比性研究，从而挖掘婚配竞争与住房价格关系的异质性规律，进而验证 H4。实证模型设计如下：

$$hp_{pt} = \alpha_7 + \beta_7 mmc_{pt} + \rho_7 controls_{pt} + \varepsilon_{pt} \tag{4.24}$$

$$hp_{qt} = \alpha_8 + \beta_8 mmc_{qt} + \rho_8 controls_{qt} + \varepsilon_{qt} \tag{4.25}$$

式中，p 表示城市地理区位特征，且有 $p = 1, 2, \cdots, m$，m 为地理区位分类总数；q 表示城市规模特征，且有 $q = 1, 2, \cdots, n$，n 为规模分类总数。

4.4　传导机制检验

4.4.1　描述性统计

为确保数据客观、可比，使用省际 CPI 对贷款利率和存款利率进行购买力校正。以2004年为基期，对住房价格、房地产开发投资完成额、人均GDP和人均可支配收入进行去通胀处理，并对房价、总人口、房地产开发投资完成额、人均GDP和人均可支配收入进行对数化处理，分别记为 $\ln hp(\ln HP)$、$\ln po$、$\ln hs$、$\ln avgdp$ 和 $\ln avincome$。表4-3显示了经过平减与取对后的各变量描述性统计结果。

表4-3　　　　　　　　　　变量描述性统计

变量	mean	sd	min	max	N
$\ln hp$	7.866	0.536	5.228	10.48	3 718
$\ln HP$	7.930	0.512	4.885	10.46	3 718
mmc	1.054	0.0320	0.949	1.291	3 718
$itfw$	0.438	0.320	0	1	3 718
pac	0.392	0.190	0	1	3 718
$\ln po$	5.856	0.700	2.846	8.129	3 718
$\ln hs$	13.37	1.382	8.464	17.38	3 718
l_t	5.209	0.729	3.868	6.466	3 718
dr	2.802	0.684	1.718	3.746	3 718
$\ln avgdp$	10.08	0.718	4.441	15.32	3 718
$\ln avincome$	9.617	0.375	7.742	10.75	3 718

4.4.2　面板模型估计结果与分析

对式（4.18）~式（4.23）进行建模分析，Hausman检验显示采用固定效应模型更有效，结果如表4-4所示。

表4-4　　　　　　　　　　面板模型估计结果

变量	$\ln hp$	$itfw$	$\ln hp$	$\ln hp$	$itfw$	$\ln hp$
	M1	M2	M3	M4	M5	M6
mmc	0.628 *** (4.84)	0.674 *** (5.24)	0.548 *** (4.24)	0.688 *** (3.17)	2.016 *** (9.51)	0.417 * (1.91)

变量	lnhp	itfw	lnhp	lnhp	itfw	lnhp
	M1	M2	M3	M4	M5	M6
itfw			0.119 *** (6.96)			0.067 *** (2.64)
pac				0.094 (0.19)	4.136 *** (8.47)	-0.676 (-1.33)
mmc×pac				-0.119 (-0.25)	-3.810 *** (-8.24)	0.526 (1.10)
itfw×pac						0.146 *** (3.22)
lnpo	0.111 ** (2.35)	-0.272 *** (-5.83)	0.143 *** (3.04)	0.115 ** (2.45)	-0.275 *** (-5.98)	0.146 *** (3.11)
lnhs	0.053 *** (8.71)	0.019 *** (3.08)	0.051 *** (8.39)	0.053 *** (8.70)	0.020 *** (3.42)	0.049 *** (8.13)
lr	-0.297 *** (-15.63)	-0.187 *** (-9.94)	-0.275 *** (-14.35)	-0.297 *** (-15.55)	-0.172 *** (-9.25)	-0.277 *** (-14.44)
dr	0.288 *** (16.71)	0.081 *** (4.76)	0.278 *** (16.21)	0.284 *** (16.33)	0.079 *** (4.63)	0.278 *** (16.02)
lnavgdp	0.126 *** (10.05)	0.055 *** (4.41)	0.119 *** (9.57)	0.127 *** (10.13)	0.060 *** (4.88)	0.116 *** (9.25)
lnavincome	0.431 *** (18.77)	0.598 *** (26.28)	0.360 *** (14.39)	0.433 *** (18.83)	0.583 *** (26.02)	0.360 *** (14.43)
_cons	1.185 *** (3.16)	-4.481 *** (-12.06)	1.719 *** (4.52)	1.079 ** (2.52)	-5.930 *** (-14.21)	1.940 *** (4.43)
Hausman test	586.71 ***	883.93 ***	164.19 ***	1252.05 ***	881.59 ***	32.18 ***
F	28.02 ***	5.50 ***	28.54 ***	27.80 ***	5.58 ***	28.40 ***
R^2	0.8103	0.7948	0.8129	0.8105	0.8019	0.8140
N	3 718	3 718	3 718	3 718	3 718	3 718

注：小括号内为 t 值；$*p<0.1$，$**p<0.05$，$***p<0.01$；6 个模型分别记为 M1 ~ M6。

（1）主效应与中介效应检验

从表4－4中M1的估计结果可知，婚配竞争程度对住房价格有显著的正向促进作用（$\beta = 0.628$，$p < 0.01$），这表明婚姻市场中婚配竞争的加剧的确会推动房价上涨，H1得到初步验证。对于控制变量，人口数量、人均GDP与人均可支配收入的系数均显著为正，且三者对住房价格的影响力度依次递增（$\beta = 0.111$，$p < 0.05$；$\beta = 0.126$，$p < 0.01$；$\beta = 0.431$，$p < 0.01$）。贷款利率系数显著为负（$\beta = -0.297$，$p < 0.01$），这表明样本期内利率工具对需求端的成本效应大于供给端。存款利率提高，一方面可能引起住房市场资金流出、需求减少，另一方面也可能提高居民购买力、增加需求；根据存款利率系数显著为正（$\beta = 0.288$，$p < 0.01$）的结果，可知样本期内后者的力量要大于前者。同时，这也与样本期长期低存款利率有关，与住房投资收益相比，存款利息对投资者的吸引力可以忽略。房地产开发投资额的系数较小但显著为正（$\beta = 0.053$，$p < 0.01$），这可能是因为投资额转化为市场实际供给存在时滞，以及开发商存在捂盘惜售等抬价盈利行为所致。

由M2可知，婚配竞争程度对家庭财富代际转移数量有显著的正向影响（$\beta = 0.674$，$p < 0.01$）。由M3可知，在M1基础上，加入中介变量后，婚配竞争对房价的影响仍显著为正，但系数值出现下降（$\beta = 0.548$，$p < 0.01$）；家庭财富代际转移数量对房价的正向影响也十分显著（$\beta = 0.119$，$p < 0.01$），这说明婚配竞争对房价的直接影响因家庭财富代际转移数量的加入而降低。

根据以上分析可得，家庭财富代际转移数量在婚配竞争与住房价格的关系中起部分中介作用。进一步地，M1、M2、M3所得系数符合总效应等于直接效应与中介效应之和。因此，财富代际转移的中介效应存在且为部分中介效应，H2得到验证。

（2）有调节的中介效应检验

第一，由M4可知，核心解释变量婚配竞争（mmc）达到显著水平（$\beta = 0.688$，$p < 0.01$），但调节变量父母利他行为能力（pac），以及核心解释变量与调节变量交互项 $mmc \times pac$ 的系数未达到显著水平，这表明婚配竞争对住房价格的直接路径未受到调节。

第二，由M5、M6中可知，M5中核心解释变量与调节变量交互项 $mmc \times pac$ 的系数，以及M6里中介变量家庭财富代际转移（$itfw$）的系数均达到显著水平（$\beta = -3.810$，$p < 0.01$；$\beta = 0.067$，$p < 0.01$），且M5中交互项 $mmc \times pac$ 的系数为负。这表明父母利他行为能力负向调节婚配竞争对

家庭财富代际转移数量的影响，中介效应的前半路径受到调节。当父母自身的利他能力较强时，父母不再仅仅因为资助子女结婚而转移财富，这使得婚姻市场对财富转移的强迫性（即为了子女结婚而不得不给予子女房屋和资金帮助）会降低。而当父母利他行为能力较弱时，父母不得不为了家庭传承、血脉延续而转移绝大多数财富，以此来为子女吸引好的配偶。可见，随着我国居民收入水平提高和生育率下降，家庭对子女的资助能力会上升，婚配竞争对财富代际转移数量的正向影响会因父母利他行为能力的增强而受到一定抑制。此外，由于父母利他行为能力的普遍提高会使得婚配竞争对房价的影响变小，这时婚姻市场中住房不再是决定性因素而是基础性因素。在该情形下，男方拥有住房的情况较为普遍，这会使得男女性为了更好地匹配而不得不提升个人素质，这对于提高我国国民整体素质是有利的。

第三，M5 中核心解释变量 mmc 的系数，以及 M6 中调节变量与中介变量交互项 $itfw \times pac$ 的系数均达到显著水平（$\beta = 2.016$，$p < 0.01$；$\beta = 0.146$，$p < 0.01$），且该交互项系数为正。这表明父母利他行为能力强化了家庭财富代际转移数量对房价的影响，中介效应的后半路径受到调节。可见，父母利他行为能力的增强有利于增加父母对子女的财富转移数量，而财富转移越多越有利于提高年轻子女的住房购买力，刺激有效需求释放，进而促进房价上涨。

根据以上分析，H3$_1$ 未通过验证，但 H3$_2$ 和 H3$_3$ 通过了验证，由于至少有一组成立，则父母利他行为能力调节了家庭财富代际转移数量在婚配竞争与房价关系间的中介效应，H3 得到验证。至此，M4 ~ M6 有调节的中介效应检验结果可表示为图 4 - 2。

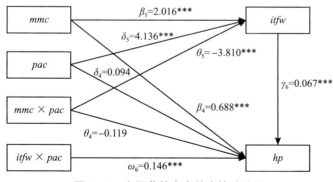

图 4 - 2　有调节的中介效应检验结果

同时，M1、M3、M4 和 M6 中婚配竞争均对住房价格产生了显著的正向影响，结果稳健，再次验证了 H1 的正确性。

综上所述，婚配竞争对住房市场的传导机制较为复杂：家庭财富代际转移的数量在婚配竞争与住房价格的关系中起到了部分中介作用，同时该中介效应受到父母利他行为能力的调节。父母利他行为能力受限于父母的收入水平与子女数量，既极大地影响着核心家庭的消费、储蓄和投资行为，同时也影响了家庭财富代际转移行为，最终对住房需求产生显著影响。上述实证结论与我国当下父母"举全家之力"资助子女购买婚房的现实情况吻合，也从婚配竞争角度对我国一系列政府干预后房价依然居高不下的现象给出了新的解释。

4.4.3 基于变量替换法的稳健性检验

由于以上实证分析中可能存在衡量误差问题导致估计有偏，故以城市商品房平均销售价格（HP）为城市商品住宅平均销售价格的替代变量来验证模型结果的稳健性。仍使用 2005 ~ 2017 年的 286 个地级市面板数据进行实证，数据处理过程同上。通过 Hausman 检验发现使用固定效应回归模型更有效，结果如表 4 - 5 所示。

表 4 - 5　　　　　　　　　　稳健性回归结果

变量	$\ln HP$	$itfw$	$\ln HP$	$\ln HP$	$itfw$	$\ln HP$
	M7	M8	M9	M10	M11	M12
mmc	0.649 *** (4.50)	0.674 *** (5.24)	0.577 *** (4.00)	0.708 *** (2.93)	2.016 *** (9.51)	0.460 * (1.89)
$itfw$			0.107 *** (5.62)			0.084 *** (2.96)
pac				0.025 (0.05)	4.136 *** (8.47)	-0.609 (-1.08)
$mmc \times pac$				-0.081 (-0.15)	-3.810 *** (-8.24)	0.466 (0.88)

续表

变量	lnHP	itfw	lnHP	lnHP	itfw	lnHP
	M7	M8	M9	M10	M11	M12
itfw × pac						0.085 * (1.69)
lnpo	0.060 (1.15)	− 0.272 *** (− 5.83)	0.089 * (1.71)	0.069 (1.31)	− 0.275 *** (− 5.98)	0.099 * (1.89)
lnhs	0.044 *** (6.48)	0.019 *** (3.08)	0.042 *** (6.20)	0.044 *** (6.46)	0.020 *** (3.42)	0.040 *** (6.02)
lr	− 0.283 *** (− 13.39)	− 0.187 *** (− 9.94)	− 0.263 *** (− 12.32)	− 0.283 *** (− 13.35)	− 0.172 *** (− 9.25)	− 0.264 *** (− 12.34)
dr	0.278 *** (14.54)	0.081 *** (4.76)	0.270 *** (14.10)	0.272 *** (14.07)	0.079 *** (4.63)	0.265 *** (13.70)
lnavgdp	0.084 *** (6.03)	0.055 *** (4.41)	0.078 *** (5.62)	0.087 *** (6.20)	0.060 *** (4.88)	0.077 *** (5.53)
lnavincome	0.450 *** (17.62)	0.598 *** (26.28)	0.386 *** (13.85)	0.454 *** (17.78)	0.583 *** (26.02)	0.385 *** (13.86)
_cons	1.833 *** (4.40)	− 4.481 *** (− 12.06)	2.314 *** (5.46)	1.696 *** (3.57)	− 5.930 *** (− 14.21)	2.464 *** (5.05)
Hausman test	735.29 ***	883.93 ***	116.52 ***	646.15 ***	881.59 ***	210.78 ***
F	20.22 ***	5.50 ***	20.48 ***	20.07 ***	5.58 ***	20.24 ***
R^2	0.7472	0.7948	0.7495	0.7480	0.8019	0.7510
N	3 718	3 718	3 718	3 718	3 718	3 718

注：小括号内为 t 值；* $p < 0.1$，** $p < 0.05$，*** $p < 0.01$；6 个模型分别记为 M7 ~ M12。

　　对于中介效应，由 M7 可知婚配竞争对住房价格有显著的正向作用；由 M8 可知，婚配竞争对家庭财富代际转移数量有显著的正向影响；由 M9 可知，加入中介变量后，婚配竞争对房价的影响仍显著为正且系数下降，同时家庭财富代际转移数量的系数仍显著。上述结果表明家庭财富代际转移数量在婚配竞争与住房价格的关系中起部分中介作用。

　　对于有调节的中介效应，M10 中核心解释变量 mmc 达到显著水平，但

59

调节变量 pac，以及核心解释变量与调节变量交互项 $mmc \times pac$ 的系数未达到显著水平。M11 中核心解释变量与调节变量交互项 $mmc \times pac$ 的系数和 M12 里中介变量 mmc 的系数均显著，且交互项系数为负，这表明父母利他行为能力负向调节了中介效应的前半路径。M11 中核心解释变量 mmc 的系数和 M12 中调节变量与中介变量的交互项 $itfw \times pac$ 系数均显著，且该交互项系数为正，这表明父母利他行为能力正向调节了中介效应的后半路径。

综上所述，使用商品房平均销售价格作为稳健性指标，回归结果的显著水平与系数并没有发生实质性改变，再次验证了 H1、H2、H3 的正确性，也可知本章的实证结果是可靠稳定的。

4.4.4 基于中位数分组回归的稳健性检验

为了更直观地反映并检验父母利他行为能力对中介过程的调节作用，借鉴刘广平等（2016）的方法，首先对 286 个城市 2005～2017 年父母利他行为能力的数值取平均值，再根据平均值的中位数将面板数据划分为两组，即高于父母利他行为能力中位数的城市组和低于父母利他行为能力中位数的城市组。最后利用研究设计中的式（4.24）和式（4.25）分别对两组城市进行回归分析，以此来验证传导机制实证结果的稳健性。Hausman 检验显示应采用固定效应模型，结果如表 4-6 所示。

表 4-6　　　　　　　　　　　中位数分组回归结果

变量	中位数以下		中位数以上	
	M13（$itfw$）	M14（$lnhp$）	M15（$itfw$）	M16（$lnhp$）
mmc	1.229 *** (5.91)	0.653 *** (3.74)	0.080 (0.53)	0.481 ** (2.52)
$itfw$		0.091 *** (4.53)		0.166 *** (5.38)
$lnpo$	-0.322 *** (-4.79)	0.052 (0.92)	-0.191 *** (-3.04)	0.277 *** (3.45)

续表

变量	中位数以下		中位数以上	
	M13（*itfw*）	M14（ln*hp*）	M15（*itfw*）	M16（ln*hp*）
lnhs	0.022 ** （2.42）	0.049 *** （6.56）	0.013 * （1.72）	0.051 *** （5.20）
lr	−0.180 *** （−6.02）	−0.284 *** （−11.31）	−0.187 *** （−8.32）	−0.263 *** （−9.02）
dr	0.065 ** （2.39）	0.280 *** （12.34）	0.091 *** （4.51）	0.275 *** （10.61）
lnavgdp	0.032 * （1.89）	0.111 *** （7.78）	0.083 *** （4.57）	0.130 *** （5.62）
lnavincome	0.572 *** （17.05）	0.393 *** （13.01）	0.631 *** （21.00）	0.301 *** （7.02）
_cons	−4.350 *** （−7.69）	1.981 *** （4.14）	−4.895 *** （−10.49）	1.355 ** （2.21）
Hausman test	453.31 ***	946.91 ***	601.74 ***	389.86 ***
F	4.92 ***	30.08 ***	6.76 ***	23.36 ***
R^2	0.7401	0.8329	0.8579	0.7947
N	1 859	1 859	1 859	1 859

注：小括号内为 *t* 值；$*p < 0.1$，$**p < 0.05$，$***p < 0.01$；4 个模型分别记为 M13 ~ M16。

根据 M13 和 M15，在父母利他行为能力低于中位数的城市中，婚配竞争对家庭财富代际转移数量的影响显著（$\beta = 1.229$，$p < 0.01$）；而在父母利他行为能力高于中位数的城市中，婚配竞争对家庭财富代际转移数量的影响不显著。因此，父母利他行为能力弱化了婚配竞争对家庭财富代际转移数量的影响，即父母利他行为能力负向调节了中介过程的前半路径。根据 M14 和 M16，中位数以下的城市组中家庭财富代际转移数量对房价的影响系数为 0.091 且在 1% 水平下显著，而中位数以上的城市组中家庭财富代际转移数量对房价的影响系数提高到 0.166 且在 1% 水平下显著。这表明父母利他行为能力正向调节了中介过程的后半路径。该结果与表 4 - 4、表 4 - 5 中显示的结果相同，H3 再次得到验证，同时也再次证明实证结果有良好的稳健性。

4.5 异质性检验

在以上分析中，利用有调节的中介效应模型和中位数分组回归考察了全国 286 个地级市婚配竞争对住房价格的传导路径。正如前文所述，各城市地理区位、经济发展、社会风俗和人口结构等差异可能导致婚配竞争与住房价格间的关系存在异质性。基于此，下文从各城市空间区位与城市规模两个特征入手，来进一步分析婚配竞争对住房价格的作用，以期能更全面、更准确地反映二者的内在关联。

4.5.1 基于城市地理区位的异质性分析

由于我国幅员辽阔、地大物博，不同区域之间的经济发展水平、消费习惯、婚姻匹配模式等都存在较为明显的差异。城市所在的地理区位一定程度上反映了该城市不同于其他城市的独有特征。我国区域的划分有多种方法，可根据方位、气候、地形地势等标准进行区分。根据已有研究，最常用的区域划分方式是将全国分为东、中和西三部分，或者分为东、中、西和东北四部分。东北地区作为我国的老工业基地和经济转型的重镇，其经济发展水平、产业结构、人口流动趋势以及婚姻匹配模式等都与其他区域有所差异。因此，有必要单独分析东北地区的婚配竞争与住房价格间的内在关联。故而选择东、中、西和东北四部分的划分标准。

探究四个区域中婚配竞争对住房价格的异质性影响有利于实现我国房地产调控政策的精准施策。东部地区经济发展水平较高，房价水平也普遍高于其他地区的住房价格。由于东部地区城市发展速度快，经济优势明显，城市吸引力较强，人口流入较为常见。如北京市、上海市、杭州市、广州市等。在这些城市，适婚人群中的女性数量较多，还存在一定数量的大龄"剩女"。这使得婚配竞争对住房价格的影响可能较弱，而土地价格、房地产投资或投机以及利率等因素对房价的影响可能更为明显。中部地区和东北地区经济发展状况与东部地区相比则略处于劣势，但其发展势头良好，城市化水平正处于上升阶段。在中部和东北地区的城市中，婚姻市场上女性处于较为优势的地位，男性为了成功缔结婚姻，需要较好的自身素质与家庭物质实力。这使得婚配竞争对房价的推动作用可能更为明显。西部地区经济发展水平在四个地区中处于相对劣势地位，居民的收入水平对比而言不高，住房购买能力也相应较弱。因此，住房作为地位性商品的属性不够明显，这使得婚配竞争对住房价格的影响可能不明显。根据以上分析可知，受到多种因素的影响，不同地区的婚姻市场与住房市场的联系也会相应有所差别，亦即婚配竞争对住房价格的影响存在地区异质性。

为了分析婚配竞争对住房价格的作用在不同区位的差异性，根据国家统计局划分标准，将 286 个地级市划分到东、中、西、东北 4 个区域，基于研究设计部分的计量经济模型分别进行回归。Hausman 检验显示均应采用固定效应回归模型，具体结果如表 4 - 7 所示。

表 4 - 7　　　　　　　　　　按地理区位分类回归结果

$\ln hp$	东北	东	中	西
	M17	M18	M19	M20
mmc	1.892 * (1.74)	0.025 (0.80)	2.459 *** (7.42)	- 0.114 (- 0.37)
$\ln po$	- 0.086 (- 0.67)	0.426 *** (5.52)	- 0.159 *** (- 2.65)	0.222 (1.53)
$\ln hs$	0.059 *** (4.72)	0.116 *** (8.42)	0.040 *** (3.66)	0.026 ** (2.31)
lr	- 0.328 *** (- 7.83)	- 0.311 *** (- 10.24)	- 0.195 *** (- 6.32)	- 0.228 *** (- 5.18)
dr	0.271 *** (6.88)	0.297 *** (10.86)	0.196 *** (7.06)	0.254 *** (6.41)
$\ln avgdp$	0.181 *** (5.63)	0.102 *** (4.03)	0.330 *** (12.44)	0.030 (1.41)
$\ln avincome$	0.206 *** (4.20)	0.347 *** (7.75)	0.313 *** (8.35)	0.667 *** (13.74)
$\_cons$	2.661 * (1.67)	0.301 (0.50)	- 0.293 (- 0.49)	0.058 (0.06)

lnhp	东北	东	中	西
	M17	M18	M19	M20
Hausman test	17.02 **	50.07 ***	37.41 ***	52.80 ***
F	14.18 ***	45.45 ***	23.02 ***	8.89 ***
R^2	0.8292	0.8551	0.8865	0.7482
N	442	1 131	1 040	1 105

注：小括号内为 t 值；$^* p < 0.1$，$^{**} p < 0.05$，$^{***} p < 0.01$；4 个模型分别记为 M17 ~ M20。

根据表 4-7 可知，位于东部地区的城市，婚配竞争对住房价格的影响不显著。这说明婚配竞争不是该地区城市房价波动的主要原因。人口数量的系数显著为正（$\beta = 0.426$，$p < 0.01$）。这表明在东部地区的城市中，人口数量越多，房价倾向于上涨。该现象可能与东部地区吸引力强、人口流入较多相关，城市人口数量的增加有利于激发出更多的有效住房需求，从而形成拉动房价上涨的重要动力。住房供给、存款利率、人均 GDP 和人均可支配收入的系数均显著为正（$\beta = 0.116$，$p < 0.01$；$\beta = 0.297$，$p < 0.01$；$\beta = 0.102$，$p < 0.01$；$\beta = 0.347$，$p < 0.01$），而贷款利率显著为负（$\beta = -0.311$，$p < 0.01$）。因此，对住房市场的管理需从利率等方面入手，以促进房地产市场平稳健康发展。

位于中部和东北地区的城市，婚配竞争对住房价格均产生了显著的正向影响（$\beta = 2.459$，$p < 0.01$；$\beta = 1.892$，$p < 0.05$）。从作用力度来看，中部地区、东北地区城市的作用系数分别为 2.459 和 1.892，前者的作用更大，且显著性水平更高。这反映出在中部城市"婚房竞争"更为激烈，住房彰显适婚青年及其家庭实力、地位的信号功能更强；同时也为两类城市住房市场的管理提供了新思路。

位于西部地区的城市，婚配竞争对住房价格的影响不显著。这表明在西部地区，婚配竞争对房价的推动作用不明显。原因可能是西部地区整体住房购买能力较弱，婚配竞争难以形成较强的购买力，故而无法促进房价上涨。人口数量和人均 GDP 的系数均不显著，住房供给、存款利率和人均可支配收入的系数都显著为正（$\beta = 0.026$，$p < 0.05$；$\beta = 0.254$，$p < 0.01$；$\beta = 0.667$，$p < 0.01$），而贷款利率的系数显著为负（$\beta = -0.228$，$p < 0.01$）。

通过对东部地区、中部地区、西部地区和东北地区各城市的分别回归发现，城市地理区位的不同，婚配竞争对住房价格的影响也相应发生改变。具体地，东部和西部地区城市婚配竞争对房价的影响不显著，中部地区和东北地区城市婚配竞争推动了房价的上涨，即对房价有显著的正向影响。因此，与东部和西部地区相比，中部和东北地区在住房调控政策中更应重视婚姻市场与住房市场的联结，预估婚姻匹配对住房价格可能产生的影响。

4.5.2　基于城市规模的异质性分析

我国在改革开放后，城市经济体制进行了重大变革。由于资源禀赋、人口数量等因素的不同，我国各城市的发展水平也呈现参差不齐的状况。沿海城市、省会城市等经济发展水平较高，其人口数量明显多于地方城市，我国大城市、特大和超大城市则正处于形成和发展阶段。同时，小城市和中等城市也依据各自城市的优势出台相应发展政策，促进城市化、工业化、信息化的快速进步。在我国住房制度改革后，城市的住房市场发生了重大变化。房地产市场的发展在推动城市进步、改善人民生活的同时，也使得城市房价快速上涨。由于受到土地财政、城市化等的影响，部分城市房价上涨过快，远远超出了人们的可支付水平，房地产金融风险成为影响我国经济平稳健康发展的不确定性因素之一。为了促进住房市场的稳定、健康，防止房地产泡沫对城市经济产生不利影响，全国及各城市都出台了调控住房政策，如限购、限贷等。

不同规模城市的经济环境、婚姻匹配模式以及适婚人群数量等都存在较为明显的差异，具有各不相同的特征，这使得住房调控政策需要根据当地的住房市场发展情况、婚姻市场现状等因素而相应的调整和改变。城市规模体现了城市人口数量的多少，也能够反映出该城市的经济发展水平和市场前景等信息。因此，根据国务院 2014 年发布的城市规模划分标准，将 286 个地级市划分为小城市、中等城市、大型城市、特大城市和超大城市 5 类，分别依据研究设计部分的计量经济模型进行回归分析，结果如表 4 - 8 所示。Hausman 检验显示，小城市和中等城市应采用随机效应模型，其余应采用固定效应模型。

表 4 - 8 按城市规模分类回归结果

lnhp	小	中	大	特大	超大
	M21	M22	M23	M24	M25
mmc	1.137 (0.63)	2.019 ** (2.31)	0.682 *** (3.92)	0.511 ** (2.56)	-0.181 (-0.42)
lnpo	0.247 (1.32)	-0.042 (-0.22)	0.023 (0.43)	0.340 *** (3.10)	-0.217 (-0.61)
lnhs	0.162 (1.54)	0.066 ** (2.52)	0.038 *** (4.97)	0.078 *** (7.87)	0.052 ** (2.02)
lr	-0.310 (-0.69)	-0.140 (-1.24)	-0.285 *** (-11.49)	-0.318 *** (-11.17)	-0.279 *** (-4.17)
dr	0.118 (0.30)	0.192 * (1.85)	0.281 *** (12.47)	0.305 *** (11.88)	0.243 *** (4.07)
lnavgdp	0.308 * (1.68)	0.161 (1.41)	0.137 *** (7.97)	0.126 *** (7.35)	-0.033 (-0.61)
lnavincome	0.079 (0.15)	0.418 *** (2.79)	0.467 *** (14.99)	0.345 *** (10.82)	0.683 *** (7.15)
_cons	0.726 (0.11)	-0.341 (-0.21)	1.310 *** (2.83)	0.309 (0.40)	3.573 (1.48)
Hausman test	9.94	10.52	197.58 ***	20.56 ***	59.01 ***
F	4.00 ***	54.19 ***	24.40 ***	33.87 ***	45.04 ***
R^2	0.3014	0.8232	0.8052	0.8719	0.8965
N	52	104	2 236	1 157	169

注：小括号内为 t 值；*$p<0.1$，**$p<0.05$，***$p<0.01$；5 个模型分别记为 M21 ~ M25。

根据表 4 - 8 可知，对于小城市和超大城市，婚配竞争对住房价格的影响都不显著。这说明在我国的小城市和超大城市中，婚姻市场与住房市场间不存在明显的联系，婚配竞争不是推动城市房价快速上涨的因素。这可能是因为小城市中居民的可支配收入相对较小，婚配竞争的增加并未形成有效住房需求，且小城市经济发展水平较低，许多青年人口都流动到周边较为发达的城市或所在省份的省会城市，适婚人群的数量也会相应减少，从而减小了婚配竞争对住房价格的作用。而对于超大城市，一方面其经济发展水平高，房价相应较高，超出许多年轻人的可承受水平，即使婚配竞争加剧也难以形成较强的实际住房购买力；另一方面，超大城市中女性数量可能相对较多，婚配竞争压力尚未对住房价格产生明显的促进作用。

在中等城市、大城市和特大城市中，婚配竞争的系数均显著为正，且中等城市系数最大，为 2.019（$p < 0.05$），大城市系数次之，为 0.682（$p < 0.01$），特大城市系数最小，为 0.511（$p < 0.05$）。这在一定程度上反映出婚配竞争对房价的作用力度会随城市规模的扩大而减小，这可能是由于特大城市、大城市会吸引更多青年女性流入，或婚姻观念更加科学所致。该结论说明，在这 3 类城市中，规模越小，适婚青年越需要购买住房来展现自身及家庭实力，以实现与其他青年群体的区隔。

4.6　本章主要结论与政策启示

本章采用世代交叠分析框架以及动态最优化方法构建了揭示婚配竞争与住房价格关系的理论模型；在此基础上，以中国 286 个地级市为研究对象，采用有调节的中介效应检验方法，剖析了婚配竞争对住房价格的传导机制，明确了家庭财富代际转移、父母利他行为能力所起的作用；最后，从空间区位、城市规模两个角度入手，探讨了婚配竞争影响住房价格的异质性。主要研究结论如下。

第一，根据所建理论模型，婚配竞争能够影响代表性家庭的消费组合决策，进而对住房价格产生影响，且该过程中家庭财富代际转移、父母利他行为能力会起到重要作用。

第二，婚配竞争对住房价格的传导机制复杂。286 个地级市的实证分析显示：婚配竞争对住房价格有显著的正向影响，婚配竞争的加剧会推动房价上涨。在这一过程中，家庭财富代际转移起了部分中介作用，婚配竞争程度的加深会推动家庭财富代际转移数量的增加，这有助于提高适婚人群的住房购买力，住房市场中的有效需求会增加进而促进住房价格上涨。进一步地，父母利他行为能力负向调节了家庭财富代际转移中介效应的前半路径，即婚配竞争对财富代际转移数量的正向影响会随父母利他行为能力的增强而下降；而父母利他行为能力正向调节了家庭财富代际转移中介效应的后半路径，即父母利他行为能力越强，家庭财富代际转移对房价的正向作用越大。

第三，婚配竞争对住房价格的作用呈现异质性特征。按地理区位将286个城市划分到东、中、西、东北4类，发现中部地区和东北地区城市婚配竞争程度的加深对住房价格产生了显著的刺激作用，而东部和西部地区城市对房价的影响不显著。从城市规模看，中等城市、大城市和特大城市中婚配竞争对住房价格产生了显著的正向影响，且作用力度随规模扩大而呈递减趋势，而小城市和超大城市中婚配竞争对房价的影响则不显著。

由上述结论可见，婚姻市场与住房市场不仅有紧密的关联，还有复杂的作用机制，对家庭组建和社会稳定产生了深远影响。为此，提出以下建议。

第一，要进一步完善住房保障体系，推进租售并举。高房价下"因婚致贫"是当代众多家庭的生活写照。为此，住房保障体系、住房租赁体系均应发力将青年家庭住房需求的满足作为重要着力点，让满足条件的青年人享有稳定的、具有品质保证的、能负担得起的租赁住房，使租房家庭在子女入学等方面享有相同权益。这不仅有利于保障新婚家庭乃至上一代、上两代家庭的生活质量，提高生活的幸福感，而且有助于缓解因"婚房"矛盾导致的"晚婚晚育、不婚不育"等现象。

第二，要将性别结构、城市差异、代际转移等因素综合纳入住房需求预测体系，实现科学管理。不仅要着眼于当前的婚姻市场，还要对未来适婚人群结构进行科学预判；不仅要着眼于青年群体，还应同时考虑两代甚至多代家庭的福利问题，适时调整住房政策使其与时俱进。

第三，要利用婚姻市场的导向作用，培养新时代的婚配择偶标准。媒体、社区、家庭、学校合力引导青年群体树立正确的价值取向，使得适婚人群对住房和个人素质的评价都能更符合我国经济高质量发展的要求，将未来我国婚配竞争程度会加深的现实压力转化为促进住房市场健康发展与提高国民素质的推动力。

第四，要建立有助于满足人民日益增长的美好生活需要的公共政策体系。父母辈"举全家之力"帮助解决横亘在青年群体和未来幸福生活之间的"婚房"问题，结果是青年群体可能继续"入不敷出"、长期"啃老"，而父母家庭"一夜回到解放前"。为此，要从就业、收入、教育、养老等方面多管齐下建立有利于建设和谐社会的公共政策体系，不断提高青年群体素质，提供更多机会使其能通过诚实劳动、合法经营获得可观收入，建立健全养老服务体系，切实解决广大家庭的生活困境。

第 5 章

婚配竞争对住房市场的空间溢出效应研究

5.1 引言

1998 年 7 月，国务院下发了《关于进一步深化城镇住房制度改革加快住房建设的通知》，标志着中国住房市场化改革正式全面启动。在此背景下，中国房地产市场发展迅速，为国民经济发展、产业结构升级，以及人民福祉改善做出了巨大贡献（张平、张鹏鹏，2016）。但在住房市场繁荣的同时，住房价格上涨迅猛，几轮调控政策虽先后密集出台，实施效果却不尽如人意。过高的房价引致了如房地产金融风险加大、生育率下降明显、技术创新活动受阻、居民日常消费抑制、收入差距扩大等问题（徐荣、郭娜、李金鑫等，2017；康传坤、文强、楚天舒，2020；余泳泽、张少辉，2017；颜色、朱国钟，2013；陈灿煌，2007）。这正是实现我国 2035 年远景目标，夺取全面建设社会主义现代化国家新胜利所面临的棘手问题。与此同时，引发社会关注的另一个热点则是我国婚姻市场不断上升的男女性别比例问题。第六次人口普查数据显示，"90"后男性比女性多 900 万，"00"后男性比女性多 1 300 万；第七次人口普查数据显示，出生人口性别比达 111.3（女 = 100），男性比女性多 3 490 万；而 2019 年我国未婚人口男女性别比高达 152.95（女 = 100），且粗婚率下降至 2006 年以来的最低点为 6.6‰，只达到了 2013 年 9.92‰的 2/3 水平。大量单身男性在婚姻市场沉浮，苦苦寻觅良缘，在"筑巢引凤""无房不嫁"等观念影响下通过购房以吸引"好媳妇"，努力实现着自己的家庭组建及"安居梦"。可见，当下住房市场与婚姻市场的联系日益紧密。住房问题属于我国重大经济问题范畴，必须进行系统研究，及时针对发展新取向进行管理和引导。然而，各地在出台调控政策时，面临诸多现实而又迫切需要解决的问题，这些问题是西方的经典理论无法合理诠释的。因为西方的住房经济理论是基于欧美国家的经济社会实践进行提炼升华的结果，对中国的适用性存在不确定性；同时中国长期性别比例失衡的社会特征，"居者有其屋""婚后从夫居"等传统观念，也与西方存在巨大差异。所以，在研究滞后于社会需求的情况下，婚姻市场对住房市场有何种影响，如何化解"丈母娘效应"的负面影响以实现家庭社会的和谐美满，尚留下巨大的需要深入探索的空间。

由于计划生育政策和强烈的男孩偏好所引起的性别比严重失衡，加剧了我国婚姻挤压问题（郭志刚、邓国胜，2000；姜全保、李晓敏、Feldman，2013；果臻、李树茁、Feldman，2016）。当男女数量均衡时，根据 Gale - Shapley 法则，婚姻市场上必然会形成一个稳定的均衡结果（Gale and Shapley，1962）。但男女数量不一致即性别比失衡时，会出现一夫多妻、一妻多夫或单身现象（Roth and Sotomayor，1990；Crawford，1991），并造成男女不同的福利水平，影响婚姻匹配的稳定均衡（Gale and Shapley，2013）。为了成功缔结婚姻，适婚人群将采取合适的匹配策略提高结婚期望率与预期效用（Becker，1981）。在目前我国的婚姻市场上，婚姻匹配不仅考虑两个家庭的先赋性特征（张翼，2003），还重视男女双方的自致性特征（李银河，1989；李煜，2011）。女性以向上成婚为主流成婚策略，"高攀"的女性其生活满意度更高（雷晓燕、许文健、赵耀辉，2014）；男性需通过条件改善来获得优质婚姻配偶，表现为一种"婚配竞争"现象，即适婚男性为了实现婚姻缔结，与同性形成的竞争。这说明适婚人群在婚姻匹配时存在婚姻梯度，各方面条件均好的女性无法向上成功缔结婚姻且各方面条件较差的男性无法向下成功匹配。鉴于婚姻市场的竞争性，适婚男性会通过女性及其家庭认可的行为来提升竞争力，而购买住房是婚姻市场上认可度最高且最为普遍的提升婚配竞争优势的方式之一（Chu、Lin and Tsay，2020）。

因此，住房不再仅仅具有消费和投资属性，而是逐渐演变为象征财富和身份的地位性商品，其附加属性受到适婚人群的广泛关注。国内外学者的研究已经表明，婚姻市场与住房市场关系密切。直观地，婚姻市场对住房的重视会引起住房消费的增加（零点调查与指标数据项目组，2013；吴义东、王先柱，2018；李斌、蒋娟娟、张所地，2018）。魏和张（Wei and Zhang，2011）把婚姻市场的表现与住房市场联系起来，认为住房作为婚姻市场中的地位性商品推动了房价上涨。库罗基（Kuroki，2019）使用美国县级数据发现性别比增加 0.1，房价会相应上升 2%。就中国而言，在农村层面，为了吸引好媳妇是农村地区建房热的重要原因（Fang and Tian，2018）；在城市层面，性别比失衡同样是引起房价上涨的重要原因（逯进、刘璐，2020）。何林浩（2019）则从中国持续改善的高等教育性别比角度入手，得出男性会通过购房对女性教育水平的提高进行补偿进而推动房价上涨的结论。

　　由上可见，现有文献对婚姻市场与住房市场关系的研究主要关注两者之间的直接联系，关于城市层面婚姻市场与住房市场关系的实证研究较少，而基于空间溢出视角来考察婚配竞争对住房价格影响的研究成果更是鲜见。但是，由于我国地区间社会经济发展的差异所引起的婚姻挤压矛盾的地区转移（陈友华、米勒·乌尔里希，2002）、传统婚姻圈的扩大等因素，婚配竞争影响住房价格的空间效应不容忽视。一方面，在目前我国婚姻市场上，婚姻圈扩大、婚姻匹配方式多样使得潜在婚配对象范围扩大，地区间婚姻市场的空间交互作用增强，部分地区的婚配竞争也因此而加剧，尤其是经济欠发达地区更为明显。受扩大的婚姻市场的影响，匹配对象的年龄、外貌、学历等信息易于获得，但个人性格、家庭经济实力和社会关系等信息则不易观察，信息不对称现象明显。为了提高婚姻缔结的可能性、减少逆向选择而改进婚姻预期效用，住房成了结婚"必需品"，是匹配对象传递自身品质的重要信号，这也同我国目前城市及农村地区均盛行的"无房不婚"的观念一致（方丽、田传浩，2016）。这种由婚姻市场空间联系增强带来的婚房需求可能影响住房价格。另一方面，一个地区的婚配竞争程度会影响本地人口的流动。如果本地婚配竞争过强，婚姻市场上处于劣势的适婚人群将不得不转移到其他地区以实现婚姻缔结，而人口流动会影响本地和其他地区的住房需求，进而影响房价变动，即婚配竞争不仅会影响本地房价，也可能影响其他地区的房价。因此，本章在经典信号理论模型基础上首次构建有无住房信号、男女均衡失衡双重对照的婚姻匹配模型（以下简称双重对照的婚姻匹配模型），刻画了婚配竞争与住房价格的本质联系；在此基础上，以中国 286 个地级市为研究对象，构建空间计量模型探讨了婚配竞争对住房价格的推动作用及其空间溢出效应，并在时、空维度上剖析了二者关系的空间格局与时间演变。研究工作能为完善促进房地产市场平稳健康发展的长效机制提供理论依据和经验证据，并为"婚"与"房"的和谐共进、实现家庭幸福"安居梦"等提供新的洞察。

5.2 双重对照的婚姻匹配模型构建与研究假设

信号理论模型被广泛应用于二手车市场、保险市场、金融市场和劳动力市场等相关研究，方丽、田传浩（2016）将其用于分析婚姻缔结与住房投资的关系。他们在经典信号理论模型基础上，通过分析引入住房信号后男女婚姻预期效用的变化，论证了住房信号会改善个人预期效用从而增加住房需求，同时利用住房投资强度分析了婚姻市场的均衡状态。但是，该理论模型在适婚人群性别比例、"质量"分类等关键条件上仍存在可优化的空间。本章所建双重对照的婚姻匹配模型的改进主要体现在以下三个方面：一是在婚姻市场男女数量均衡基础上，增加了男女比例失衡情形下有、无住房信号时男女预期效用及变化的讨论。二是对男性、女性"质量"划分由高、低两类细化到高、中、低三类，分别分析三类男女的婚姻预期效用及社会总效用。三是对适婚人群行为决策的刻画由局部静态分析扩展到对不同品质男性在不同层次婚姻市场间流动的空间动态行为分析。以上改进使得所建模型与现实婚姻市场更为贴合，且提高了信号理论模型在婚姻市场与住房市场关系研究中的适用性及深刻性。

5.2.1 基本假设

本章信号理论模型的基本假设如下：婚姻市场中，对男性"质量"的评价除个人特征外，主要集中于家庭财富、社会地位等家庭特征，将其设为θ；对女性"质量"的评价则集中于外貌、年龄、学历等个人特征，将其设为γ（尚会鹏，1997；董金权、姚成，2011）。方丽、田传浩（2016）根据个人特征和家庭财富与能力将男女性"质量"分为高、低两种，可以理解为个人特征和家庭财富与能力高的归为高"质量"，将二者低的归为低"质量"。但现实婚姻市场上，处于二者之间即个人特征或家庭财富与能力某一项具备优势或二者均处于中游水平的适婚人群也占有较大比例。为了优化模型对适婚人群特征的刻画精度，据此将市场上的男性"质量"分为高"质量"男性 θ_h，中"质量"男性 θ_s，低"质量"男性 θ_l；女性"质量"分为高"质量"女性 γ_h，中"质量"女性 γ_s，低"质量"女性 γ_l，且假设男性与女性的"质量"评价相同，即 $\theta_h = \gamma_h$，$\theta_s = \gamma_s$，$\theta_l = \gamma_l$。设 M 为婚姻保留效用即婚姻匹配成功后会给男女性带来的效用，且 $M \geqslant 0$。显然，高质量婚姻的保留效用大于低质量婚姻的保留效用。由于当下的婚姻市场中普遍存在婚配竞争和信息不对称现象，故男方通常会购买住房以吸引优质配偶，而女方也往往通过男方有无住房判断自身婚姻预期效用的大小。

为了研究婚配竞争与住房价格的关系，将婚姻市场分为两种情况：第一是无住房信号的婚姻市场，市场中没有可区分"质量"的合适信号发出；第二为有住房信号的市场，适婚人群通过住房信号互动，形成了显著的匹配竞争机制。假设在较为完善的信号互动市场中，该机制能将不同"质量"的男女性区分开。

第一，在没有住房信号的婚姻市场，男性不通过住房信号与女性互动。一方面，女方无法辨别男性的个人"质量"；另一方面，男性之间无法凭借足以显示自身优势的方式与高"质量"女性缔结婚姻，即婚姻市场中女性与男性的婚姻缔结具有随机性。由于个人特征同质匹配的婚姻质量一般更高（Becker，1981），故无住房信号市场的婚姻匹配的保留效用（即婚姻保留效用）M 较小。

第二，在有住房信号的婚姻市场，男性会通过住房载体同女性互动，同时也借此与其他男性竞争。在该婚姻市场中，"质量"相似的男女性更易缔结婚姻，故婚姻保留效用 M 较大。

5.2.2　基于信号理论的婚配竞争

近年来，我国已出现了部分男女婚姻缔结困难的现象。例如，城市中的"大龄剩女"，多为条件优质的高知群体；农村中的"大龄剩男"，分布在各个年龄段，个人与经济条件一般处于劣势。女性"向上婚"与男性"退而求其次"的现实使得更多的农村男性、城镇女性无法顺利缔结婚姻。具体地，较为普遍的男性向下婚减少了高"质量"女性的潜在匹配对象数量，使得大龄剩女现象突出；较多农村女性嫁到城市，而城市适婚女性选择单身，这使得更多农村男性的配偶选择受限。可见，我国婚姻市场现状较为复杂，"大龄剩女"与"农村剩男"均是婚姻市场中的"失败者"。大多数男性会通过住房等形式向女方发出表明自身"质量"的信号，以提高婚姻缔结的成功率。在婚配竞争中，并不是所有的男女性都能缔结婚姻，但是出于简化模型的目的，本章假设在男女比例相同的婚配竞争中男女均匹配成功，在男性数量较多的婚配竞争中各类"质量"女性也成功缔结婚姻，只有部分男性被迫退出婚姻市场。

1. 男女数量均衡时的婚配竞争

设在婚姻市场上男性与女性人数均为 n，高、中、低"质量"的男性和女性分别占各自总人数的 1/3，参与婚配竞争的适婚人群总人数为 2n。设婚姻预期效用由两部分组成，一部分是异性高（低）于自身"质量"带来的正（负）效用，另一部分是缔结婚姻带来的保留效用 M。故婚姻预期效用的表达式为：女性婚姻预期效用 $= U_f = (\theta - \gamma) + M$，男性婚姻预期效用 $= U_m = (\gamma - \theta) + M$。其中，根据有无住房信号将 M 区分为无住房信号的婚姻保留效用 M_1，以及有住房信号的婚姻保留效用 M_2。

（1）无住房信号的婚姻匹配

在无住房信号的婚姻匹配中，女性不可辨别男性"质量"，对男性的选择具有随机性。则女性对男性的平均"质量"预期为：

$$E(\theta) = \frac{1}{3}(\theta_h + \theta_s + \theta_l)$$

高、中和低"质量"女性的婚姻预期效用分别为：

$$U_{fh} = \frac{1}{3}(\theta_h + \theta_s + \theta_l) - \gamma_h + M_1$$

$$U_{fs} = \frac{1}{3}(\theta_h + \theta_s + \theta_l) - \gamma_s + M_1$$

$$U_{fl} = \frac{1}{3}(\theta_h + \theta_s + \theta_l) - \gamma_l + M_1$$

各"质量"男性的婚姻预期效用可对称求得，不再罗列。接下来分为三种情形：

情形一，当 $M_1 \geq \frac{2}{3}\theta_h - \frac{1}{3}(\theta_s + \theta_l)$ 时，可得：

$$U_{fh} = \frac{1}{3}(\theta_s - \theta_h) + \frac{1}{3}(\theta_l - \theta_h) + M_1 \geq 0$$

$$U_{fs} = \frac{1}{3}(\theta_h - \theta_s) + \frac{1}{3}(\theta_l - \theta_s) + M_1 > 0$$

$$U_{fl} = \frac{1}{3}(\theta_h - \theta_l) + \frac{1}{3}(\theta_s - \theta_l) + M_1 > 0$$

此时，$U_{fl} > U_{fs} > U_{fh}$。根据各"质量"女性和男性的婚姻预期效用和缔结婚姻的人数，可得女性婚姻预期的社会总效用、男性婚姻预期的社会总效用和婚姻市场的社会总效用，分别为：

$$\sum U_{fi} = \sum (U_{fh} + U_{fs} + U_{fl}) = \frac{n}{3}(U_{fh} + U_{fs} + U_{fl}) = nM_1$$

$$\sum U_{mi} = \sum (U_{mh} + U_{ms} + U_{ml}) = \frac{n}{3}(U_{mh} + U_{ms} + U_{ml}) = nM_1$$

$$\sum U_{fi} + \sum U_{mi} = 2nM_1$$

情形二，当 $\frac{2}{3}\theta_s - \frac{1}{3}(\theta_l + \theta_h) \leqslant M_1 < \frac{2}{3}\theta_h - \frac{1}{3}(\theta_s + \theta_l)$ 时，可知：

$$U_{fh} < 0,\ U_{fs} > 0,\ U_{fl} > 0$$

此时，$U_{fl} > U_{fs}$。

同理，可推导得：

$$U_{mh} < 0,\ U_{ms} > 0,\ U_{ml} > 0$$

当婚姻预期效用小于 0 时，男女双方对整个婚姻市场的效用为负向影响。假设效用小于 0 的男性或女性仍在婚姻市场中并影响社会总效用。女性和男性的婚姻预期社会总效用以及婚姻市场的社会总效用的表达式与情形一相同，即：

$$\sum U_{fi} = \sum (U_{fh} + U_{fs} + U_{fl}) = nM_1$$

$$\sum U_{mi} = \sum (U_{mh} + U_{ms} + U_{ml}) = nM_1$$

$$\sum U_{fi} + \sum U_{mi} = 2nM_1$$

由于 M_1 所处区间变小，故而社会总效用低于情况一中的社会总效用。

情形三，当 $0 \leqslant M_1 < \frac{2}{3}\theta_s - \frac{1}{3}(\theta_h + \theta_l)$ 时：

$$U_{fh} < 0,\ U_{fs} < 0,\ U_{fl} > 0$$

同理，可得男性的婚姻预期效用。此时女性和男性的婚姻预期社会总效用以及婚姻市场的社会总效用的表达式与前两种情形相同，但此时的 M_1 值低于前两种情况的 M_1 值，故而社会总效用最低。

（2）有住房信号互动的婚姻匹配

在有住房信号互动的婚姻匹配中，"质量"相同的男女性更易缔结婚姻，即高—高、中—中、低—低。该婚姻市场中：第一，其婚姻保留效用 M_2 大于 M_1；第二，男女性掌握更多匹配对象的"质量"信息，其择偶行为不是随机而是根据信号选择。此时的婚姻市场具有向上或向下的梯度，这使得由不同"质量"男女性构成的不同层次的婚姻市场间的流动性切实存在，只是男女数量均衡时不同"质量"男女性间的动态流动不明显。将三轮匹配竞争按照高、中、低的顺序排列，依次为高"质量"男女性匹配→中"质量"男女性匹配→低"质量"男女性匹配。按照其他方式排列，其推导结果也是一致的。具体如下：

第一轮中，高"质量"女性和男性的婚姻预期效用分别为：

$$U_{fh} = \theta_h - \gamma_h + M_2 = M_2 , \quad U_{mh} = \gamma_h - \theta_h + M_2 = M_2$$

该轮男性与女性的婚姻预期社会总效用均为：$\frac{n}{3}M_2$。

第二轮中，同理可得中"质量"女性和男性的婚姻预期效用分别为：

$$U_{fs} = M_2 , \quad U_{ms} = M_2$$

该轮男性与女性的婚姻预期社会总效用均为：$\frac{n}{3}M_2$。

第三轮同前两轮，低"质量"女性和男性的婚姻预期效用分别为：

$$U_{fl} = M_2 , \quad U_{ml} = M_2$$

该轮男性与女性的婚姻预期社会总效用均为：$\frac{n}{3}M_2$。

综合三轮匹配竞争，可得女性和男性的婚姻预期社会总效用均为：M_2。婚姻市场的社会总效用为：

$$\sum U_{fi} + \sum U_{mi} = \frac{n}{3} \times 3M_2 + \frac{n}{3} \times 3M_2 = 2nM_2$$

（3）有无住房信号的婚姻匹配结果对比

两种婚姻市场社会总效用的比较为：$2nM_1 < 2nM_2$。男女性婚姻预期社会效用的比较与此相同。其重要原因是在有住房信号的婚配竞争中，男女双方易于找到与自己"质量"相匹配的异性缔结婚姻，故而 M_2 较大；而在无住房信号的婚配竞争中，女性无法辨别男性"质量"，男性也无法通过有效竞争匹配到合适的伴侣，男女双方缔结高"质量"的婚姻较为困难，因此 M_1 较小。

2. 男女比例失衡时的婚配竞争

在前文男女数量均衡的分析基础上，结合我国男女比例失衡的现状进一步讨论，这是本模型与以往模型的重要区别。2019 年我国未婚人口男女性别比为 152.95（女 = 100），为简化模型采用 1∶1.5 的比例进行分析。假设婚姻市场中女性总人数为 n，高、中、低"质量"的女性各占总人数的 1/3；男性总人数为 $1.5n$，高、中、低"质量"的男性各占总人数的 1/3，即为 $n/2$。婚姻市场中适婚人群总人数为 $2.5n$。女性与男性的婚姻预期效用与男女比例均衡时相同。为了便于对比，也将 M 区分为 M_1 和 M_2。

（1）比例失衡时无住房信号的婚姻匹配

女性对男性"质量"的平均预期和男性对女性"质量"的平均预期分别为：

$$E(\theta) = \frac{1}{3}(\theta_h + \theta_s + \theta_l), \ E(\gamma) = \frac{1}{3}(\gamma_h + \gamma_s + \gamma_l)$$

在婚配竞争中，高、中、低"质量"女性的婚姻预期效用为：

$$U_{fh} = \frac{1}{3}(\theta_h + \theta_s + \theta_l) - \gamma_h + M_1$$

$$U_{fs} = \frac{1}{3}(\theta_h + \theta_s + \theta_l) - \gamma_s + M_1$$

$$U_{fl} = \frac{1}{3}(\theta_h + \theta_s + \theta_l) - \gamma_l + M_1$$

在婚配竞争中，高、中、低"质量"男性的婚姻预期效用为：

$$U_{mh} = \frac{1}{3}(\gamma_h + \gamma_s + \gamma_l) - \theta_h + M_1$$

$$U_{ms} = \frac{1}{3}(\gamma_h + \gamma_s + \gamma_l) - \theta_s + M_1$$

$$U_{ml} = \frac{1}{3}(\gamma_h + \gamma_s + \gamma_l) - \theta_l + M_1$$

根据前文假设婚配竞争中女性全部缔结婚姻，即高、中、低女性均成功缔结婚姻，故女性的婚姻预期社会总效用为：

$$\sum U_{fi} = \sum (U_{fh} + U_{fs} + U_{fl}) = \frac{n}{3}(U_{fh} + U_{fs} + U_{fl}) = nM_1$$

鉴于在无住房信号的婚配竞争中婚姻选择具有随机性，无法确定哪部分男性会被迫退出婚姻市场，故假设超出女性人数的男性数量平均分布在高、中、低不同"质量"的男性中。由于男性人数过剩，婚姻市场中共有 $n/2$ 的男性未成功缔结婚姻，高、中、低"质量"男性各占其中的 $1/3$，则各"质量"男性中只有 $n/3$ 的人成功缔结婚姻。据此可得男性婚姻预期社会总效用为：

$$\sum U_{mi} = \sum (U_{mh} + U_{ms} + U_{ml}) = \frac{n}{3}(U_{mh} + U_{ms} + U_{ml}) = nM_1$$

此时婚姻市场的社会总效用为：$2nM_1$。当 M_1 不同时，婚姻市场中的匹配状况就会不同，婚姻预期效用也相应变化，分析过程与男女比例均衡时相同。

（2）比例失衡时有住房信号的婚姻匹配

在有住房信号的婚姻匹配中，不同"质量"的男女性在不同层次的婚姻市场中竞争。由于男性数量较多，高"质量"男性在较高层次匹配中无法缔结婚姻时，可能去较低层次的婚姻市场中寻找结婚对象，中"质量"男性亦如是，故不同"质量"间的适婚人群具有流动性。整体婚姻市场因人口流动具有了空间互动性，这是本章所建模型的又一特色。因此，在有住房信号的婚姻匹配中，部分男性会由于竞争失利而无法缔结婚姻。分为以下三轮加以探讨。

第一轮是高"质量"男女性。此轮中，只有高"质量"的男女性参与竞争。女性对男性的"质量"预期和男性对女性的"质量"预期分别为：

$$E(\theta) = \theta_h, \ E(\gamma) = \gamma_h$$

高"质量"女性和男性的婚姻预期效用分别为：

$$U_{fh} = \theta_h - \gamma_h + M_2 = M_2, \ U_{mh} = \gamma_h - \theta_h + M_2 = M_2$$

由于男女比例失衡，高"质量"男性有 $n/2$ 人，而高"质量"女性有 $n/3$ 人，则高"质量"男性中仅匹配 $n/3$ 人，由此得本轮高"质量"女性和男性的婚姻预期社会总效用分别为：

$$\sum U_{fh} = \frac{n}{3}M_2, \ \sum U_{mh} = \frac{n}{3}M_2$$

第一轮匹配中有 $n/6$ 的高"质量"男性无法缔结婚姻，进入第二轮匹配。

第二轮是中"质量"男女性与高"质量"男性。对于该轮匹配，主要参与方是中"质量"的男女性，但第一轮中由于男女比例失衡而剩余的高"质量"男性也会进入本轮竞争。女性对男性的平均"质量"预期和男性对女性的平均"质量"预期分别为：

$$E(\theta) = \frac{1}{2}(\theta_h + \theta_s)，E(\gamma) = \gamma_s$$

中"质量"女性、高"质量"男性和中"质量"男性的婚姻预期效用分别为：

$$U_{fs} = \frac{1}{2}(\theta_h + \theta_s) - \gamma_s + M_2 = \frac{1}{2}(\theta_h - \theta_s) + M_2$$

$$U_{mh} = \gamma_s - \theta_h + M_2$$

$$U_{ms} = \gamma_s - \theta_s + M_2 = M_2$$

在本轮匹配中，第一轮匹配中未成功缔结婚姻的高"质量"男性参与到本轮竞争中。由于婚姻梯度的存在，中"质量"女性更青睐高"质量"男性，故认为高"质量"男性在本轮中全部匹配成功。中"质量"女性有 $n/3$ 人，则 $n/6$ 的高"质量"男性和 $n/6$ 的中"质量"男性与其成功缔结婚姻。可得本轮中"质量"女性和高、中"质量"男性的婚姻预期社会总效用分别为：

$$\sum U_{fs} = \frac{n}{6}(\theta_h - \theta_s) + \frac{n}{3}M_2$$

$$\sum U_{mh} = \frac{n}{6}(\gamma_s - \theta_h) + \frac{n}{6}M_2$$

$$\sum U_{ms} = \frac{n}{6}M_2$$

第二轮匹配中有 $n/3$ 的中"质量"男性未缔结婚姻，进入最后一轮匹配。

第三轮是低"质量"男女性与中"质量"男性。对于本轮竞争，第二轮未匹配成功的中"质量"男性也要参与竞争。女性对男性的平均"质量"预期和男性对女性的平均"质量"预期分别为：

$$E(\theta) = \frac{1}{2}(\theta_s + \theta_l)，E(\gamma) = \gamma_l$$

低"质量"女性、中"质量"男性和低"质量"男性的婚姻预期效用分别为：

$$U_{fl} = \frac{1}{2}(\theta_s + \theta_l) - \gamma_l + M_2 = \frac{1}{2}(\theta_s - \theta_l) + M_2$$

$$U_{ms} = \gamma_l - \theta_s + M_2$$

$$U_{ml} = \gamma_l - \theta_l + M_2 = M_2$$

在本轮匹配中，第二轮匹配中未成功缔结婚姻的中"质量"男性参与到本轮竞争中。由于婚姻梯度的存在，认为中"质量"男性在本轮中全部匹配成功。低"质量"女性有 $n/3$ 人，则 $n/3$ 的中"质量"男性与其成功缔结婚姻，低"质量"男性无法缔结婚姻。本轮低"质量"女性和中、低"质量"男性的婚姻预期总效用为：

$$\sum U_{fl} = \frac{n}{6}(\theta_h - \theta_s) + \frac{n}{3}M_2$$

$$\sum U_{ms} = \frac{n}{3}(\gamma_l - \theta_s) + \frac{n}{3}M_2$$

$$\sum U_{ml} = 0$$

本轮匹配中最终有 $n/2$ 的低"质量"男性未缔结婚姻。

综上所述，可得在有住房信号的婚姻市场中，女性和男性的婚姻预期总效用分别为：

$$\sum U_{fi} = \sum (U_{fh} + U_{fs} + U_{fl})$$

$$= \frac{n}{3}M_2 + \frac{n}{6}(\theta_h - \theta_s) + \frac{n}{3}M_2 + \frac{n}{6}(\theta_h - \theta_s) + \frac{n}{3}M_2$$

$$= \frac{n}{3}(\theta_h - \theta_s) + nM_2$$

$$\sum U_{mi} = \sum (U_{mh} + U_{ms} + U_{ml})$$

$$= \frac{n}{3}M_2 + \frac{n}{6}(\gamma_s - \theta_h) + \frac{n}{6}M_2 + \frac{n}{6}M_2 + \frac{n}{3}(\gamma_l - \theta_s) + \frac{n}{3}M_2 + 0$$

$$= \frac{n}{6}(2\gamma_l - \gamma_h - \gamma_s) + nM_2$$

（3）两种婚姻匹配结果对比

与无住房信号的婚配竞争相比，在有住房信号的婚姻匹配中女性的婚姻预期总效用得到了改善。而男性的婚姻预期总效用分为两种情形：

当 $M_2 - M_1 \geq \frac{1}{6}(\gamma_h + \gamma_s - 2\gamma_l)$ 时，在有住房信号的婚姻市场中男性预期总效用大于或等于无住房信号的婚姻市场。

当 $M_2 - M_1 < \frac{1}{6}(\gamma_h + \gamma_s - 2\gamma_l)$ 时，在有住房信号的婚姻市场中男性预期总效用小于无住房信号的婚姻市场。

3. 双重对照的婚姻匹配模型结果讨论

与无住房信号的婚姻匹配相比，在有住房信号的婚姻匹配中：

第一，无论男女数量比例均衡或失衡，女性的婚姻预期社会总效用均得到改进。

第二，当男女数量比例均衡时，男性的婚姻预期社会总效用得到改进；当男女数量比例失衡时，男性的婚姻预期社会总效用是否得到改进取决于 M_1、M_2 与 γ_h、γ_s、γ_l 的相对大小。

第三，无论男女数量比例均衡或失衡，各类"质量"女性和男性的婚姻预期效用是否提高取决于婚姻保留效用与 γ_h、γ_s、γ_l 的相对大小。

鉴于有住房信号的婚姻匹配有利于增加婚姻保留效用、改进婚姻预期社会总效用，女性更倾向于有住房信号的婚姻匹配，这就形成了"无房不婚""有房才有家"等要求男方买房的观念，故女方要求是男方购房的重要动力。此时，男性一方面应女性要求购买住房；另一方面又要借助高品质、大面积的住房同其他"质量"的男性展开竞争，这进一步刺激了住房需求。可见，婚配竞争的存在最终推动了家庭住房消费数量与质量的提升。

5.2.3　研究假设的提出

根据前述理论分析，适婚人群在婚配竞争中增加住房消费，进而对住房价格产生刺激作用。具体地，婚配竞争加剧直接影响家庭住房消费决策，为了提高子女觅得佳人、缔结婚姻的可能性，父母会更多地进行家庭储蓄以购买住房，并增加对子女的人力资本投资（袁晓燕，2017）。未婚群体家庭住房消费行为为住房市场提供了强劲且持续的有效需求，进而成为我国房价不断上涨的重要动力。因此，婚配竞争对房价应有正向的总效应。同时，需要注意的是，由前述理论模型已知婚配竞争中适婚人群具有空间上的流动性，而现实中随着我国城镇化、工业化、信息化的快速发展，地区间的联动愈加频繁。这打破了传统的婚姻圈与婚姻匹配模式，促进了不同地区间婚姻市场的交流互动（段成荣、张斐、卢雪和，2009；齐亚强、牛建林，2012）。本地男女的购房与婚姻决策将通过人口迁移、文化渗透、地区比较等因素对其他地区的婚姻市场与住房市场产生影响（叶妍、叶文振，2005；仰和芝，2006；张冠李，2020）。当本地婚配竞争压力过大时，会推动男女性向婚姻缔结期望较高的地区转移，这部分群体的流动会增加迁入地的住房需求而减少本地住房需求，进而对本地房价产生负向影响。

综上所述，婚配竞争加剧对住房市场的影响不仅包括了对本地住房需求的直接效应，还包含了对邻近地区住房需求的溢出效应。因此，下文构建空间计量模型并具体分解婚配竞争的直接效应、间接效应和总效应，实证检验婚配竞争对住房市场，特别是本地住房价格的影响。基于此，提出待检验的假设1和假设2：

H1a：婚配竞争对本地房价具有直接拉动作用，对周边区域有间接促进效应。

H1b：婚配竞争对本地房价具有直接抑制作用，对周边区域有间接促进效应。

H2：婚配竞争对房价具有正向的总效应。

城市自身及所在地区的发展水平会极大地影响人口的流入与流出，这会对本地婚姻市场形成不可忽视的外部冲击，加剧或减小本地的婚配竞争程度，并影响婚配竞争的溢出效应。城市所在地区越发达、自身发展水平越高，越容易吸引适婚青年流入。外来人口增加会加剧婚姻市场中的信息不对称，使得住房商品的信号功能更加突出，因此婚配竞争对住房市场的影响可能会更大（张安全、张立斌、郭丽丽，2017）。同时，由于不同时期居民的生育观念、婚姻观念和经济运行情况都有所不同，因此婚配竞争对住房市场的影响可能会随时间推移而发生变化。基于此，提出待检验的假设3和假设4：

H3：婚配竞争对房价的影响因空间区位的变化而表现出异质性特征。

H4：婚配竞争对房价的影响因时间的变化而表现出异质性特征。

5.3 研究设计

5.3.1 变量选择与数据说明

1. 被解释变量

本章旨在研究婚配竞争对住房市场的影响情况，故选择典型变量住房价格（hp）作为被解释变量，用各城市商品房平均销售价格表示，并用商品住宅平均销售价格（HP）进行稳健性检验。

2. 核心解释变量

本章关注的核心解释变量是婚配竞争（mmc）。受"重男轻女"观念和性别鉴定技术的影响，我国出生男女性别比例长期失衡。加之近年来，房价快速上涨，生活成本、教育成本的攀升使得养孩子成为家庭的重大负担，这极大地抑制了我国的生育需求，使得出生人口下降明显。虽然 2016 年"全面二孩"以及 2021 年"全面三孩"政策先后落地，但短时间内中国的低生育率现象仍难以改变。人口的数量和结构特征都导致我国婚姻市场上适婚男女比例失衡的问题愈加突出，许多经济欠发达地区以及家庭背景、个人条件较差的男性的初婚概率与终身结婚期待率下降且成婚期望年数增加，显著加剧了男性间的婚配竞争程度（果臻、李树茁、Marcus，2016；Jiang et al.，2016；于潇、祝颖润、梅丽，2018）。同时，由于我国高等教育性别比的改善，我国女性数量相对减少但受教育水平有所增加，许多高知女性倾向于选择更优质的男性或保持单身，而这也促使适婚人群之间的竞争愈发激烈（何林浩，2019）。可见，适婚人群性别比是影响婚姻市场竞争程度最为重要的因素，故在该思路下对核心解释变量婚配竞争进行量化。

我国婚姻市场中结婚高峰的人口年龄主要介于 18～34 岁（陈友华、米勒·乌尔里希，2002；郭显超，2008），该年龄段未婚人口的婚配需求对住房价格的影响最为显著（逯进、刘璐，2020）。而我国夫妻年龄差基本分布在 -2～5 岁，理想夫妇年龄差模式主要为男大女两岁、男大女三岁（郭志刚、邓国胜，2000；姜全保、李晓敏、Marcus，2013；梁颖、张志红、高文力等，2018）。结合上述研究和婚姻市场的现实，首先采用 18～34 岁男大女三岁的性别比例作为婚配竞争程度的量化指标，同时采用 18～34 岁男大女两岁的性别比例进一步检验模型的稳健性。由于各城市 18～34 岁男大女三岁、男大女两岁的性别比例无公开数据，故根据第五次和第六次全国人口普查数据对其进行推算，男大女三岁和大两岁性别比分别用 mmc3 和 mmc2 表示。具体推算过程如下。

第一步，根据第五次和第六次人口普查数据分别推算出 2001～2009 年和 2011～2017 年各城市 18～34 岁的男女性人口数。两次人口普查（长表部分）资料只统计了 2000 年和 2010 年 1～4 岁、5～9 岁、……、80～84 岁、85 岁及以上各年龄段的男性和女性人口数，详细的各个年龄的人口数并未统计，其他年份的数据也未统计。由于所统计的年龄段包含区间较短（区间长度为 5 岁）且各年龄段内人口的分布相对均匀，可将数据中各个年龄段的人口数除以 5，得到每个年龄的人口数，再将 18～34 岁的男性人口和女性人口分别加总则可获得 2000 年各城市 18～34 岁的男女性人口数，据此求比值即可得到男女同岁性别比推算值（逯进、刘璐，2020）。在此基础上，通过 2000 年男女人口数计算 2001～2009 年的男女人口数，比如，2001 年 18～34 岁男性人口数由 2000 年人口普查数据的 17～33 岁男性人口数推出。2011～2017 年的男女人口数推算方法同 2001～2009 年。

第二步，与逯进、刘璐（2020）计算男女同岁性别比不同的是，本章接下来推算了 18～34 岁男大女三岁和男大女两岁的性别比以期能更贴近我国婚配模式的实际情况。根据两次人口普查数据推算出了 2005～2017 年各年 20～36 岁和 21～37 岁的男性人口数，以及 18～34 岁女性人口数，推导方法同上。再将各年 21～37 岁的男性人口数与 18～34 岁的女性人口数取比值即得各年男大女三岁的性别比数据，将各年 20～36 岁的男性人口数与 18～34 岁的女性人口数取比值即得各年男大女两岁的性别比数据，最终以此量化样本期内的婚配竞争。

3. 控制变量

基于供求理论，以及魏（Wei，2012），张安全、张立斌、郭丽丽（2017），逯进、刘璐（2020）等的研究，本章选取控制变量如下。

（1）人均 GDP（*avgdp*）

经济发展水平高的地区住房附加值会增加，人均 GDP 上升会推动房价上涨，故该系数符号预期为正。

（2）人均可支配收入（*avincome*）

居民的收入水平越高，潜在住房需求越容易转化为有效需求，进而推动房价上涨，故该系数符号预期为正。

（3）贷款利率（*lr*）

由于住房贷款期限一般较长，故选用五年以上贷款利率来衡量。贷款利率不仅会影响购房者的借贷成本，还会影响房企的开发成本。贷款利率越高，购房需要支付的总费用越高，这将减少住房有效需求进而抑制房价。同时，贷款利率提高也会增加房企的开发成本进而促使房价上升。因此，贷款利率对房价影响的方向不确定，需要进一步检验。

（4）人口密度（den）

采用各城市每平方千米的人口数来测度。人口密度不仅反映了城市的人口数量，还揭示了城市人口集聚程度。人口密度越大，消费者的住房需求与规模经济对房价的推动作用越明显，故推测人口密度对房价的影响方向为正。

（5）公共交通便利度（bus）

一般使用每万人拥有的公共汽车数衡量，但为了避免取对数后出现负值影响实证结果，换算为每百万人拥有的公共汽车数量。发达的公共交通有利于居民的通勤和出行，会增加消费者的定居及购房意愿，进而推动房价上涨，故预测该系数为正。

（6）教育支出（edu）

当前，消费者在购房时越来越考虑子女的教育问题。城市教育支出的增加有利于提升本地的教育水平和师资力量，因此会促进住房需求增加并对房价产生正向作用，故该系数符号预期为正。

4. 数据来源及描述性统计

本章的研究对象为我国除港澳台地区以外的地级及以上城市。鉴于部分城市的新设、撤销以及数据缺失量大，最终选取了 286 个地级及以上城市为研究对象，时间序列长度为 2005 ~ 2017 年。使用的数据来自 2000 年中国第五次全国人口普查数据、2010 年中国第六次全国人口普查数据、《中国城市统计年鉴》《中国区域经济统计年鉴》以及 WIND 数据库。为确保数据客观、可比，使用省际 CPI 对贷款利率进行购买力校正，记为 lr。以 2004 年为基期，对房价、人均 GDP、人均可支配收入和教育支出进行去通胀处理，并对房价、人均 GDP、人均可支配收入、人口密度、公共交通便利度和教育支出进行对数化处理，分别记为 lnhp（lnHP）、lnavgdp、lnavincome、lnden、lnbus、lnedu。经过平减与取对数后的各变量描述性统计结果如表 5 - 1 所示。

表 5 – 1   变量描述性统计

变量	指标	符号	单位	mean	sd	min	max
房价	商品房平均销售价格	ln*hp*	ln（元/平方米）	7.930	0.512	4.885	10.46
	商品住宅平均销售价格（稳健性检验）	ln*HP*	ln（元/平方米）	7.866	0.536	5.228	10.48
婚配竞争	男大女三岁性别比	*mmc3*	/	1.057	0.089	0.780	1.512
	男大女两岁性别比（稳健性检验）	*mmc2*	/	1.053	0.077	0.775	1.459
人均GDP	人均国内生产总值	ln*avgdp*	ln（元）	10.08	0.718	4.441	15.32
人均可支配收入	城镇居民人均可支配收入	ln*avincome*	ln（元）	9.617	0.375	7.742	10.75
贷款利率	五年以上贷款基准利率	*lr*	%	5.209	0.729	3.868	6.466
人口密度	每平方千米的人口数	ln*den*	ln（人/平方千米）	5.717	0.928	1.548	7.887
公共交通便利度	每百万人拥有的公共汽车数	ln*bus*	ln（辆）	6.380	0.763	1.099	10.023
教育支出	地方财政一般预算内支出中的教育支出	ln*edu*	ln（万元）	7.693	0.990	6.902	16.08

5.3.2 实证模型设定

首先，构建婚配竞争影响住房价格无空间效应的基准模型用以对照。混合 OLS 模型如下：

$$hp_{it} = \alpha_1 + \beta_1 mmc_{it} + \rho_1 controls_{it} + \varepsilon_{it} \tag{5.1}$$

其中，i 表示城市，t 表示年份，α_1 为常数项，β_1 为婚配竞争对房价的影响系数，ρ_1 为控制变量对房价的影响系数，ε_{it} 为随机扰动项。

普通面板模型如下：

$$hp_{it} = \alpha_2 + \beta_2 mmc_{it} + \rho_2 controls_{it} + \lambda_t + \mu_i + \varepsilon_{it} \tag{5.2}$$

其中，i 表示城市，t 表示年份，α_2 为常数项，μ_i 为各城市的非时变特质，λ_t 为时间固定效应，β_2 为婚配竞争对房价的影响系数，ρ_2 为控制变量对房价的影响系数，ε_{it} 为随机扰动项。

根据前文分析，婚配竞争对住房价格的影响不仅存在直接作用，而且可能存在空间上的传导互动，因此应当建立空间计量模型进行估计。通过对模型（5.1）和模型（5.2）进行扩展，得到空间计量模型的一般形式：

$$hp_{it} = \rho W hp_{it} + \beta_3 X_{it} + \delta W X_{it} + \mu_{it}$$
$$\mu_{it} = \lambda W \mu_{it} + \varepsilon_{it}$$

$$(5.3)$$

其中，W 为空间权重矩阵，X 表示核心解释变量和控制变量，μ 和 ε 为随机误差项。ρ 表示相邻地区被解释变量对本地被解释变量的影响，这里反映了不同城市房价间的空间影响。β 表示本地核心解释变量和控制变量对本地房价的影响，δ 表示相邻地区核心解释变量和控制变量对本地房价的影响。λ 为随机误差项的空间相关系数。当 $\delta = \lambda = 0$ 时，为空间滞后模型（SAR）；当 $\rho = \delta = 0$ 时，为空间误差模型（SEM）；当 $\lambda = 0$ 时，为空间杜宾模型（SDM）。

5.3.3 探索性空间数据分析

1. 空间权重矩阵的构建

空间权重矩阵的使用是进行空间分析的基础，常用的空间权重矩阵有邻接权重矩阵（Wl）、反距离空间权重矩阵（Wf）、反距离平方权重矩阵（$Wf2$）、经济距离权重矩阵（Wj）和经济地理空间权重矩阵（Wn）。反距离空间权重矩阵定义为城市间地理距离的倒数，采用欧氏距离具体计算；反距离平方权重矩阵即为反距离空间权重矩阵的平方。参考张红历、梁银鹤、杨维琼（2016）的做法，将经济距离权重矩阵（Wj）设定为：

$$W_{ij} = \begin{cases} \dfrac{1}{|\overline{gdp_i} - \overline{gdp_j}|} & i \neq j \\ 0 & i = j \end{cases}$$

$$\overline{gdp_i} = \sum_{t=1}^{T} \frac{gdp_{it}}{T} \qquad (5.4)$$

式（5.4）中，i、j 仅表示不同城市，$\overline{gdp_{i(j)}}$ 为 2005~2017 年城市 i（或

j）的 gdp 年平均值（以 2004 年为基期进行去通胀处理）。

参考豆建民、陶志鹏、汪维（2020）的做法，将经济地理空间权重矩阵（Wn）设定为反距离权重矩阵与经济距离权重矩阵的复合，具体形式为：

$$W_{n-ij} = \begin{cases} \dfrac{1}{d_{ij}} \times \dfrac{1}{|\overline{gdp_i} - \overline{gdp_j}|} & i \neq j \\ 0 & i \neq j \end{cases} \tag{5.5}$$

鉴于研究的 286 个地级市存在个别与其他城市无边界的样本，选取邻接矩阵会产生单个岛屿效应从而影响估计结果，故不采用邻接权重矩阵。参考科艾曼（Kooijman，1976），任英华、游万海（2012）的选择方法，下文通过全局莫兰指数检验来选择最合适的空间权重矩阵。

2. 全局莫兰检验

除邻接权重矩阵外，各权重矩阵的全局莫兰指数检验结果如表 5 - 2 所示。

表 5 - 2 全局莫兰指数检验

年份	lnhp				$mmc3$			
	Wf	Wn	Wj	$Wf2$	Wf	Wn	Wj	$Wf2$
2005	0.107***	0.425***	0.331***	0.299***	0.082***	0.093***	0.001	0.261***
2006	0.108***	0.405***	0.313***	0.304***	0.072***	0.095***	0.014	0.226***
2007	0.109***	0.392***	0.310***	0.304***	0.073***	0.090***	0.007	0.221***
2008	0.088***	0.287***	0.221***	0.255***	0.076***	0.085***	−0.001	0.219***
2009	0.113***	0.370***	0.271***	0.312***	0.071***	0.081***	−0.002	0.218***
2010	0.120***	0.406***	0.298***	0.331***	0.087***	0.193***	0.099***	0.262***
2011	0.126***	0.390***	0.278***	0.339***	0.082***	0.243***	0.159***	0.259***
2012	0.128***	0.373***	0.257***	0.339***	0.083***	0.255***	0.176***	0.260***
2013	0.129***	0.351***	0.234***	0.342***	0.084***	0.264***	0.188***	0.265***
2014	0.114***	0.327***	0.223***	0.304***	0.081***	0.284***	0.213***	0.257***
2015	0.099***	0.296***	0.202***	0.277***	0.077***	0.301***	0.237***	0.248***

年份	lnhp				mmc3			
	Wf	*Wn*	*Wj*	*Wf2*	*Wf*	*Wn*	*Wj*	*Wf2*
2016	0. 107 ***	0. 318 ***	0. 215 ***	0. 303 ***	0. 070 ***	0. 321 ***	0. 267 ***	0. 236 ***
2017	0. 116 ***	0. 314 ***	0. 198 ***	0. 323 ***	0. 067 ***	0. 322 ***	0. 274 ***	0. 229 ***

注：$*p<0.1$，$**p<0.05$，$***p<0.01$。

由表 5 - 2 可知：

第一，若使用 *Wj*，2005 ~ 2009 年婚配竞争程度的全局莫兰指数不显著，因而舍弃经济距离权重矩阵。*Wf* 下的全局莫兰指数值均显著但小于 *Wf2* 和 *Wn* 下的值，故选择 *Wf2* 与 *Wn* 进行空间分析。下文先使用 *Wf2* 进行空间分析，再使用 *Wn* 进行相同的空间回归以检验模型的稳健性。第二，房价和婚配竞争程度的全局莫兰指数均显著，说明 2005 ~ 2017 年我国各城市的房价和婚配竞争程度都具有显著的空间自相关性，二者均在空间上趋于集聚。经计算，所有控制变量的全局莫兰指数均显著 $(p<0.01)$[1]。故可推测建立包含被解释变量和解释变量空间滞后项的空间杜宾模型进行实证分析更为合适。

3. 局部莫兰检验

据以上空间权重矩阵的选择分析，使用 *Wf2* 绘制局部莫兰指数散点图以进一步探讨房价与婚配竞争的空间局部特征，如图 5 - 1、图 5 - 2 所示。

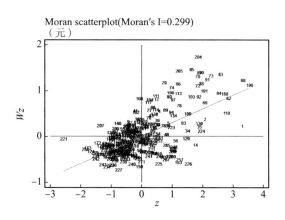

---

[1] 限于篇幅，控制变量的全局莫兰指数结果不再罗列，有需要的读者可向笔者索取。

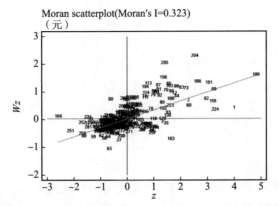

图 5 – 1　2005 年（左）和 2017 年（右）房价局部莫兰

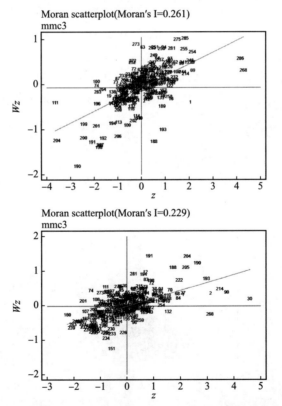

图 5 – 2　2005 年（左）和 2017 年（右）婚配竞争局部莫兰

由图 5 - 1 可知：房价的莫兰指数为正，由 2005 年的 0. 299 上升到 2017 年的 0. 323，这表明房价主要存在正空间相关性且这种相关性正在增强；从 4 个象限来看，高高、高低、低高、低低 4 种空间集聚关系均存在，其中高高、低低模式最为明显，房价以同质集聚为主，并向原点有所收缩。

由图 5 - 2 可知：婚配竞争的莫兰指数为正，由 2005 年的 0. 261 下降到 2017 年的 0. 229，这表明婚配竞争同样呈正空间相关性且相关性有所减弱；从 4 个象限来看，同样存在高高、高低、低高、低低 4 种空间集聚关系，且高高、低低两种模式较为普遍。婚配竞争在局部空间上同样以同质集聚为主。

5.4 婚配竞争的房价推动作用检验

5.4.1 模型估计结果与分析

该部分通过空间计量模型探析婚配竞争与住房市场的内在关联，同时给出混合 OLS 回归以及普通面板回归结果以便于进行比较。模型估计及检验结果汇总后如表 5 - 3 所示。

表 5 - 3　　　　　　　　　　模型估计及检验结果汇总

变量	混合 OLS		普通面板		SDM - FE	
	系数	t 统计量	系数	t 统计量	系数	t 统计量
$mmc3$	0. 338 ***	5. 856	0. 280 ***	4. 682	0. 163 **	2. 506
ln$avgdp$	0. 070 ***	5. 488	0. 052 ***	4. 075	0. 099 ***	7. 817
ln$avincome$	0. 732 ***	26. 336	0. 853 ***	25. 733	0. 500 ***	13. 203
lr	0. 057 ***	8. 063	1. 300	1. 560	- 1. 887	- 1. 288
lnden	0. 069 ***	12. 741	0. 055 ***	9. 570	0. 095 ***	13. 303
lnbus	0. 055 ***	7. 481	0. 051 ***	6. 950	0. 075 ***	11. 028
lnedu	0. 118 ***	15. 960	0. 123 ***	16. 662	0. 135 ***	20. 149
$\_cons$	- 2. 114 ***	- 11. 137				

续表

变量	混合 OLS		普通面板		SDM – FE	
	系数	t 统计量	系数	t 统计量	系数	t 统计量
$W*mmc3$					0.206	1.237
$W*\ln avgdp$					– 0.158***	– 4.017
$W*\ln avincome$					0.299***	3.083
$W*lr$					4.646*	1.809
$W*\ln den$					– 0.167***	– 9.082
$W*\ln bus$					– 0.183***	– 7.296
$W*\ln edu$					– 0.109***	– 4.483
$W*\ln hp$					0.758***	31.397
	空间相关性检验				空间杜宾模型选择检验	
空间杜宾模型选择性检验	LM spatial lag	388.482 ($p=0.000$)	LM spatial lag	553.167 ($p=0.000$)	Wald test spatial lag	417.463 ($p=0.000$)
	Robust LM spatial lag	0.022 ($p=0.881$)	Robust LM spatial lag	33.437 ($p=0.000$)	LR test spatial lag	347.033 ($p=0.000$)
	LM spatial error	1331.455 ($p=0.000$)	LM spatial error	921.950 ($p=0.000$)	Wald test spatial error	138.688 ($p=0.000$)
	Robust LM spatial error	942.996 ($p=0.000$)	Robust LM spatial error	402.220 ($p=0.000$)	LR test spatial error	151.179 ($p=0.000$)
R^2	0.721		0.621		0.789	
LogL	– 414.521		– 351.085		35.561	
N	3 718		3 718		3 718	

注：*$p<0.1$，**$p<0.05$，***$p<0.01$。

1. 模型检验与选择

首先，由表 5 – 3 的空间相关性检验部分可知混合 OLS 回归结果中只有稳健的 LM 空间滞后检验不显著，其余均在 1% 的显著性水平下通过检验。该结论表明变量存在显著的空间效应，应加入空间相互关系展开分析。

其次，由于本章的研究时间范围为 2005～2017 年，根据董纪昌、曾欣、牟新娣等（2020）的观点采用时间固定效应模型较为合理。为了检验时间固定效应模型的适宜性，进行了 LR 联合显著性似然比检验，得到统计量值为 444. 401，p 值为 0. 000，因此采用该形式的模型是适宜的。普通面板模型的 LM 和稳健的 LM 检验均在 1% 的显著性水平下通过检验。该结论再次表明变量存在显著的空间效应，应加入空间相互关系展开分析。

至此，全局莫兰指数与 LM 检验和稳健的 LM 检验均显示应考虑空间效应。另外，与混合 OLS、普通面板模型相比，SDM 模型的 R^2 较大，可知空间计量模型的拟合效果要优于不考虑空间效应的基准模型。

再次，对于空间计量模型的选择，参考莱萨格和佩斯（LeSage and Pace，2008），埃尔霍斯特（Elhorst，2014）的研究思路，先假定模型为 SDM，再检验 SDM 能否简化为 SAR 或 SEM。由表 5 - 3 空间杜宾模型选择检验部分可知，Wald 检验和 LR 检验均在 1% 的显著水平下拒绝原假设，因此 SDM 不能简化为 SAR 或 SEM。

最后，对时间固定效应的 SDM 模型进行空间 Hausman 检验，其统计量为 1 079. 973，p 值为 0. 000，因此拒绝随机效应的 SDM 模型，采用时间固定效应的 SDM 模型进行分析。

2. 回归结果分析

由表 5 - 3 的回归结果可知：

第一，对于被解释变量，房价的空间滞后项系数显著为正，表明房价存在显著的正向空间溢出效应（$\beta = 0.758$，$p < 0.01$）。这表明不同城市的住房市场存在显著的空间联动，邻地房价上涨会通过区域协同、人口流动、创新溢出等途径带动本地房价的上升。

第二，对于控制变量，考虑空间效应的 SDM 模型回归结果表明：本市人均 GDP 对本地房价有显著的正向影响（$\beta = 0.099$，$p < 0.01$），且其系数大于不考虑空间效应时的系数，说明不考虑空间效应会低估人均 GDP 对房价的推动作用。人均 GDP 的空间溢出效应显著为负（$\beta = -0.158$，$p < 0.01$），这体现了邻地对本地的吸附效应，即邻地经济发展水平越高，越容易吸引本地区劳动力、资本等要素流入，这将减少本地住房需求因而抑制房价上升。本市人均可支配收入与本地房价有显著的正向关系（$\beta = 0.500$，$p < 0.01$），这与基准模型回归结果一致。其空间滞后项系数也显著为正（$\beta = 0.299$，$p < 0.01$），表明了邻近地区居民可支配收入的增加有利于本地房价的上涨。

原因可能是邻近地区收入水平的上升增加了消费者的跨地区住房投资能力；同时邻近地区间人口流动较为方便、频繁，这有利于提升本地住房需求，对房价产生正向影响。本市贷款利率与本地房价的关系不显著，但其空间溢出效应显著为正（$\beta = 4.646$，$p < 0.1$），这表明贷款利率的提升并不能有效地抑制本地房价上涨，甚至会推动邻近地区房价的上涨。其原因可能是本地贷款利率的上升提高了购房成本，使得本地住房需求转向其他地区，即人们会在住房调控不严的邻近城市购房、资金会转向贷款利率较低的城市以追求利润最大。这也部分解释了为何有些城市发展水平不够高但房价仍在上涨，症结在于资金的非理性注入与住房需求的畸形增加。本市人口密度、公共交通便利度和教育支出对本地房价均存在显著的正向影响（$\beta = 0.095$，$p < 0.01$；$\beta = 0.075$，$p < 0.01$；$\beta = 0.135$，$p < 0.01$），其空间溢出效应却均为显著的负向作用（$\beta = -0.167$，$p < 0.01$；$\beta = -0.183$，$p < 0.01$；$\beta = -0.109$，$p < 0.01$）。这表明人口密度的增加、交通条件和教育水平的改善有利于推动本地房价上涨，但对邻近地区却形成了较强的虹吸效应，即本地区人口密度越大、交通越发达、教育水平越高，可能越有利于吸引邻近地区的人才、资金等要素进入，从而在抬高本地房价的同时对周边地区房价产生负向影响。

第三，对于本章最为关注的核心解释变量，不考虑空间效应的基准模型回归结果表明，婚配竞争程度对房价存在显著的推动作用（$\beta = 0.338$，$p < 0.01$；$\beta = 0.280$，$p < 0.01$）。SDM 回归结果显示：$mmc3$ 的估计系数显著为正（$\beta = 0.163$，$p < 0.05$），这表明本地婚配竞争程度与房价有显著的正向关系。但值得注意的是，婚配竞争程度的空间滞后项系数为正却不显著，这说明本城市的婚配竞争程度没有对周边城市的房价产生影响。然而莱萨格和佩斯（LeSage and Page，2008）指出，采用点估计方法检验空间溢出效应的存在性可能导致偏误，空间杜宾模型的回归系数无法直接反映核心解释变量对被解释变量的影响程度，故应当把空间溢出效应分解为直接效应和间接效应再进行讨论。

3. 空间溢出效应分解

为了更准确地刻画婚配竞争对房价的影响效果，下文依据莱萨格和佩斯（LeSage and Page，2008）的方法对 SDM 模型进行效应分解，结果如表 5 - 4 所示。

表 5 – 4　　　　　　　　　　SDM 模型的空间溢出效应分解

变量	直接效应		间接效应		总效应	
	系数	t 统计量	系数	t 统计量	系数	t 统计量
mmc3	0.183***	2.944	1.355**	2.251	1.538**	2.592
lnavgdp	0.094***	7.790	-0.340**	-2.359	-0.246*	-1.706
lnavincome	0.542***	14.444	2.763***	7.645	3.305***	9.259
lr	-1.732	-1.228	13.188*	1.899	11.456*	1.843
lnden	0.090***	13.794	-0.391***	-5.681	-0.301***	-4.478
lnbus	0.067***	9.684	-0.516***	-4.889	-0.449***	-4.198
lnedu	0.135***	20.055	-0.020	-0.212	0.114	1.176

注：$*p < 0.1$，$**p < 0.05$，$***p < 0.01$。

由表 5 - 4 可知：

第一，婚配竞争程度对房价的直接效应与间接效应都显著为正（$\beta = 0.183$，$p < 0.01$；$\beta = 1.355$，$p < 0.05$）。可见，本地婚姻市场的婚配竞争越激烈，对本地房价的推动作用越明显，同时其空间溢出效应即对邻地房价的正向促进作用也越大，假设 H1a 得到验证，而假设 H1b 被拒绝。直接效应显著为正表明婚配竞争强化了住房的地位性商品属性，释放住房信号的行为形成了市场刚需并最终刺激房价不断上涨，这与理论预期和基准模型回归结果一致。间接效应显著为正说明婚配竞争程度不仅会对本地住房市场产生影响，还会刺激邻地房价上涨。其可能原因在于激烈的婚配竞争降低了部分适婚人群的结婚期望，使得部分人口外流，增加了其他地区的住房需求。人口外流会减少本地住房需求从而抑制本地房价上涨，但婚配竞争程度影响房价的总效应仍显著为正（$\beta = 1.538$，$p < 0.05$），表明人口外流的抑制作用不足以抵消本地婚配竞争对房价的推动作用，至此 H2 得到验证。

第二，婚配竞争对住房价格的空间溢出存在正反馈效应。婚配竞争程度的直接效应系数为 0.183，与回归估计系数之差为 0.020。二者数值存在差异的原因在于反馈效应的存在，即间接效应对邻地房价产生影响后又反过来对本地房价产生影响。婚配竞争直接效应与其估计系数之差为正，表明存在正向的反馈效应，具体地，本地婚配竞争加剧将抬高相邻地区的房价，而相邻地区房价对本地房价的影响又会随着婚配竞争程度的增加而加强。

第三，对于控制变量，人均GDP的直接效应为0.094，与估计系数之差为 – 0.005。该差值为负，表明存在负向的反馈效应，这可能是因为当本地经济发展水平不断提升时，邻地部分资源会因"虹吸效应"流入本地，从而使得邻地发展能力受损，其对本地房价的推动作用也会相应下降。人口密度、公共交通便利度与教育支出的反馈效应也均为负。但人均可支配收入的反馈效应却为正，原因可能在于本地收入水平提高时由于"示范效应"使得邻地收入水平也上升，进而带动邻地房价上涨，从而间接对本地房价产生正向影响；同时，由于存在人口、资金等跨区域流动的可能性，邻地收入水平的提高会增加本地潜在的住房需求，故反馈效应对房价产生正向影响。贷款利率的直接效应不显著，间接效应显著为正（$\beta = 13.188$，$p < 0.1$），该结果与估计系数一致；总效应显著为正（$\beta = 11.456$，$p < 0.1$），说明提高贷款利率会刺激房价上涨，因此，通过该工具调控房价是难以达到预期效果的。另外，各控制变量的直接效应（见表5 – 3）与效应分解结果的直接效应（见表5 – 4）显著性与方向均一致，间接效应中仅有教育支出的系数为负但不显著。这表明邻地教育支出对本地房价的影响不显著，教育资源的虹吸效应不明显，这可能是因为邻地优质教育资源本身已争夺激烈，加之为入学而举家搬迁的现实困难，使得因邻地教育资源而转移的本地人口数量较少，因此负向作用不显著。

5.4.2 稳健性检验

以上实证分析可能存在空间权重矩阵选择不当、衡量误差等问题从而导致估计有偏，故下文通过三种方法来验证模型的稳健性。

1. 更换空间权重矩阵

不同的空间权重矩阵考虑的空间关系不同，这会影响空间杜宾模型的估计结果。本章在原有模型基础上将反距离平方权重矩阵 $Wf2$ 更换为经济地理空间权重矩阵 Wn，估计结果如表5 – 5（1）所示，并知在 Wn 下，婚配竞争程度与房价的关系显著为正，婚配竞争程度的空间滞后项系数也显著为正。

表 5 - 5　　　　　　　　　　　稳健性检验汇总

变量	(1) 更换空间权重矩阵		(2) 更换核心解释变量		(3) 更换被解释变量	
	经济地理空间权重矩阵		$mmc2$		$\ln HP$	
	系数	t 统计量	系数	t 统计量	系数	t 统计量
$mmc3$	0.140**	2.250			0.165***	2.586
$mmc2$			0.126*	1.733		
$\ln avgdp$	-0.032*	-1.803	0.101***	8.037	0.120***	9.628
$\ln avincome$	0.746***	20.684	0.508***	13.451	0.493***	13.255
lr	2.121**	2.270	-1.903	-1.298	-2.167	-1.507
$\ln den$	0.056***	9.455	0.095***	13.224	0.102***	14.466
$\ln bus$	0.049***	6.789	0.075***	11.069	0.076***	11.393
$\ln edu$	0.129***	16.998	0.134***	20.027	0.134***	20.270
$W * mmc3$	0.560***	3.630			0.299*	1.825
$W * mmc2$			0.247	1.331		
$W * \ln avgdp$	0.128***	3.790	-0.158***	-4.047	-0.173***	-4.483
$W * \ln avincome$	0.233***	2.734	0.298***	3.067	0.323***	3.386
$W * lr$	-2.888	-1.210	4.635*	1.801	4.325*	1.717
$W * \ln den$	-0.068***	-3.723	-0.171***	-9.374	-0.181***	-10.016
$W * \ln bus$	-0.084***	-3.935	-0.180***	-7.172	-0.207***	-8.375
$W * \ln edu$	-0.046**	-1.973	-0.111***	-4.586	-0.088***	-3.711
$W * \ln hp$	0.149***	4.560	0.759***	31.521	0.783***	35.138
空间杜宾模型选择性检验	Wald test spatial lag	102.603 ($p=0.000$)	Wald test spatial lag	422.391 ($p=0.000$)	Wald test spatial lag	484.184 ($p=0.000$)
	LR test spatial lag	100.676 ($p=0.000$)	LR test spatial lag	351.219 ($p=0.000$)	LR test spatial lag	396.967 ($p=0.000$)
	Wald test spatial error	117.285 ($p=0.000$)	Wald test spatial error	138.896 ($p=0.000$)	Wald test spatial error	169.099 ($p=0.000$)
	LR test spatial error	118.067 ($p=0.000$)	LR test spatial error	151.547 ($p=0.000$)	LR test spatial error	185.530 ($p=0.000$)
$Hausman\ test$	179.784***		915.401***		653.733***	

变量	(1) 更换空间权重矩阵		(2) 更换核心解释变量		(3) 更换被解释变量	
	经济地理空间权重矩阵		$mmc2$		$\ln HP$	
	系数	t 统计量	系数	t 统计量	系数	t 统计量
R^2	0.741		0.789		0.815	
LogL	−276.519		32.857		98.845	
N	3 718		3 718		3 718	

注：$*p<0.1$，$**p<0.05$，$***p<0.01$。

进一步对空间效应进行分解，由表 5 – 6 可知，婚配竞争程度对房价影响的直接效应、间接效应和总效应都显著为正，这与 $Wf2$ 下的估计结果一致，再次验证了 H1a 和 H2，同时也说明所建模型具有较好的稳健性。

表 5 – 6   更换空间权重矩阵的效应分解

变量	直接效应		间接效应		总效应	
	系数	t 统计量	系数	t 统计量	系数	t 统计量
$mmc3$	0.151 **	2.470	0.682 ***	3.621	0.834 ***	4.549
lnavgdp	− 0.030 *	− 1.719	0.141 ***	3.871	0.110 ***	3.239
lnavincome	0.753 ***	21.370	0.398 ***	4.412	1.152 ***	12.639
lr	2.084 **	2.303	− 2.902	− 1.065	− 0.819	− 0.328
lnden	0.054 ***	9.222	− 0.069 ***	− 3.155	− 0.014	− 0.654
lnbus	0.048 ***	6.931	− 0.089 ***	− 3.624	− 0.041	− 1.617
lnedu	0.129 ***	16.543	− 0.032	− 1.171	0.097 ***	3.627

注：$*p<0.1$，$**p<0.05$，$***p<0.01$。

2. 更换核心解释变量

婚配竞争程度的量化方法可能影响其对房价的作用效果。这里将核心解释变量更换为 18～34 岁男大女两岁的性别比例，回归结果如表 5 – 5（2）所示。进一步的效应分解结果如表 5 – 7 所示。由表 5 – 7 可知，婚配竞争程度对房价作用的直接效应、间接效应与总效应均显著为正，这验证了 H1a 和 H2，并证明了模型的稳健性。

表 5 – 7　　　　　　　　更换核心解释变量的效应分解

变量	直接效应		间接效应		总效应	
	系数	t 统计量	系数	t 统计量	系数	t 统计量
mmc2	0.149 **	2.080	1.373 **	2.071	1.521 ***	2.319
lnavgdp	0.096 ***	7.713	− 0.332 **	− 2.305	− 0.236	− 1.632
lnavincome	0.553 ***	15.260	2.801 ***	7.595	3.354 ***	9.174
lr	− 1.744	− 1.231	13.102 *	1.901	11.358 *	1.833
lnden	0.088 ***	13.099	− 0.409 ***	− 5.564	− 0.321 ***	− 4.450
lnbus	0.067 ***	9.698	− 0.501 ***	− 4.740	− 0.434 ***	− 4.054
lnedu	0.134 ***	19.717	− 0.037	− 0.369	0.097	0.960

注：* $p < 0.1$，** $p < 0.05$，*** $p < 0.01$。

3. 更换被解释变量

为了减少房价的衡量误差对模型结果的影响，将商品房平均销售价格替换为商品住宅平均销售价格进行估计，结果如表 5 – 5（3）所示。进一步的效应分析结果（见表 5 – 8）。由表 5 – 8 可知，婚配竞争程度对房价的直接效应、间接效应和总效应均显著为正，这再次验证了 H1a、H2 以及所建模型的稳健性。

表 5 – 8　　　　　　　　更换被解释变量的效应分解

变量	直接效应		间接效应		总效应	
	系数	t 统计量	系数	t 统计量	系数	t 统计量
mmc3	0.192 ***	3.108	1.965 ***	2.947	2.157 ***	3.248
lnavgdp	0.115 ***	9.149	− 0.363 **	− 2.188	− 0.248	− 1.496
lnavincome	0.541 ***	15.366	3.248 ***	7.670	3.789 ***	8.980
lr	− 2.035	− 1.447	12.623	1.582	10.588	1.460

续表

变量	直接效应		间接效应		总效应	
	系数	t 统计量	系数	t 统计量	系数	t 统计量
ln*den*	0.094 ***	14.029	-0.463 ***	-5.781	-0.368 ***	-4.665
ln*bus*	0.066 ***	9.613	-0.678 ***	-5.517	-0.612 ***	-4.927
ln*edu*	0.135 ***	20.342	0.073	0.658	0.208 *	1.848

注：$*p < 0.1$，$**p < 0.05$，$***p < 0.01$。

5.5 时空异质性检验

前文的全样本研究表明，婚配竞争与房价不仅在城市内具有正向关系，还在城市间具有联动效应，各城市不是孤立而是互联互动的，这展示了婚姻市场和住房市场关联的复杂性和密切性。但不容忽视的是，空间区位与时间演变带来的社会经济差异会对婚姻市场与住房市场的关系产生冲击。这可能导致在空间或时间维度上，婚配竞争对住房市场的影响存在异质性。为了进一步地剖析婚配竞争程度对本地房价的影响及其空间溢出效应，下文将采用经济地理空间权重矩阵（Wn）进行如下两类异质性检验：一是将样本城市划分为东、中、西、东北 4 个区域，时间范围和变量与前文一致，利用 SDM 模型检验婚配竞争程度对房价的影响是否因空间区位不同而呈现异质性；二是参考董纪昌、曾欣、牟新娣等（2020）的划分方法，将总面板数据划分为 2005～2009 年、2010～2014 年和 2015～2017 年 3 个时间段的子面板，样本城市和变量不变，利用 SDM 模型研究不同时期婚配竞争程度对房价的影响情况。

5.5.1 空间维度上的异质性分析

为了分析婚配竞争对住房价格的影响及其空间溢出效应在不同空间区位是否有差异，根据国家统计局划分标准将 286 个地级市划分为东、中、西、东北 4 个区域分别进行回归。与上文建模过程相似，分别对 4 个区域进行 LM 检验与稳健 LM 检验发现变量存在显著的空间相关性，应构建空间计量模型;对4个区域分别进行 LR 联合显著性似然比检验得:东部地区的统计量为 328.847，p 值为 0.000;中部地区的统计量为 53.550，p 值为 0.000;西部地区的统计量为 111.318，p 值为 0.000;东北地区的统计量为 125.491，p 值为 0.000。通过 Wald 和 LR 检验确定 SDM 模型不应简化为 SAR 模型或 SEM 模型，再进行空间 Hausman 检验发现各地区均显著拒绝原假设，故最终采用时间固定效应的空间杜宾模型。分区域的空间杜宾模型回归及检验结果如表5-9所示。

表5-9　　　　　　分区域的空间杜宾模型回归及检验结果

变量	东部		中部		西部		东北	
	系数	t 统计量	系数	t 统计量	系数	t 统计量	系数	t 统计量
$mmc3$	0.558 ***	4.752	0.325 **	2.050	0.043	0.472	0.587 **	2.313
lnavgdp	0.061	1.260	0.140 ***	3.346	−0.008	−0.355	0.164 ***	5.076
lnavincome	1.048 ***	14.286	0.397 ***	5.870	0.286 ***	4.118	−0.016	−0.225
lr	−14.102 ***	−5.207	11.139 ***	3.992	1.739	1.303	5.293	1.293
lnden	0.047 ***	2.725	0.048 ***	3.443	0.057 ***	6.239	0.101 ***	6.444
lnbus	0.077 ***	5.173	0.003	0.209	0.080 ***	7.787	0.191 ***	8.029
lnedu	0.064 ***	4.019	0.128 ***	8.615	0.120 ***	10.433	0.168 ***	11.636
$W*mmc3$	0.419	1.601	0.716 **	1.978	0.116	0.540	−0.355	−0.531
$W*$lnavgdp	−0.073	−0.764	0.033	0.339	0.132 **	2.422	0.137	1.642
$W*$lnavincome	−0.351 **	−2.179	0.426 **	1.967	−0.111	−0.583	0.084	0.451
$W*lr$	19.609 ***	3.859	−0.020	−0.003	−2.429	−0.737	−0.765	−0.099
$W*$lnden	−0.038	−0.893	0.179 ***	4.775	0.014	0.730	0.005	0.119
$W*$lnbus	−0.127 ***	−3.179	−0.232 ***	−5.045	0.010	0.384	−0.356 ***	−4.809
$W*$lnedu	−0.144 ***	−2.837	−0.164 ***	−3.587	−0.053	−1.455	−0.065	−1.265
$W*$lnhp	0.471 ***	11.306	0.173 ***	3.032	0.040	0.753	−0.087	−1.127
Hausman test	470.377 ***		785.995 ***		118.725 ***		361.866 ***	
R^2	0.764		0.687		0.694		0.849	
LogL	−151.117		75.036		69.884		232.964	
N	1 131		1 040		1 105		442	

续表

变量	东部		中部		西部		东北	
	系数	t统计量	系数	t统计量	系数	t统计量	系数	t统计量
Wald test spatial lag	86.104 ($p<0.001$)		59.781 ($p<0.001$)		15.006 ($p<0.05$)		24.234 ($p<0.01$)	
LR test spatial lag	81.249 ($p<0.001$)		56.045 ($p<0.001$)		15.039 ($p<0.05$)		25.037 ($p<0.001$)	
Wald test spatial error	40.788 ($p<0.001$)		65.702 ($p<0.001$)		15.228 ($p<0.05$)		30.827 ($p<0.001$)	
LR test spatial error	35.214 ($p<0.001$)		61.946 ($p<0.001$)		15.472 ($p<0.05$)		30.224 ($p<0.001$)	

注：$*p<0.1$，$**p<0.05$，$***p<0.01$。

为了更精确地刻画婚配竞争对房价影响在空间维度上的异质性，下文对分区域的空间杜宾模型进行效应分解，结果如表5-10所示。

表5-10　　　　　　　分区域的空间杜宾模型溢出效应分解

地区	变量	直接效应		间接效应		总效应	
		系数	t统计量	系数	t统计量	系数	t统计量
东部	mmc3	0.611 ***	5.131	1.248 **	2.591	1.859 ***	3.588
	lnavgdp	0.056	1.249	-0.084	-0.577	-0.028	-0.207
	lnavincome	1.063 ***	15.882	0.267	1.017	1.329 ***	5.061
	lr	-12.963 ***	-5.474	23.209 ***	3.055	10.246	1.443
	lnden	0.046 ***	2.738	-0.025	-0.345	0.021	0.286
	lnbus	0.071 ***	4.473	-0.164 **	-2.141	-0.093	-1.145
	lnedu	0.055 ***	3.399	-0.209 **	-2.238	-0.155	-1.604
中部	mmc3	0.346 **	2.190	0.894 **	1.991	1.240 **	2.617
	lnavgdp	0.142 ***	3.549	0.062	0.574	0.204 **	2.069
	lnavincome	0.411 ***	5.840	0.596 **	2.365	1.007 ***	3.790
	lr	11.165 ***	4.178	2.118	0.245	13.283 *	1.678
	lnden	0.052 ***	3.630	0.223 ***	5.009	0.275 ***	5.797
	lnbus	-0.002	-0.129	-0.273 ***	-4.950	-0.275 ***	-4.855
	lnedu	0.126 ***	8.551	-0.169 ***	-3.185	-0.043	-0.807

续表

地区	变量	直接效应		间接效应		总效应	
		系数	t统计量	系数	t统计量	系数	t统计量
西部	mmc3	0.044	0.484	0.113	0.486	0.157	0.686
	lnavgdp	-0.007	-0.332	0.138**	2.419	0.130**	2.542
	lnavincome	0.288***	4.263	-0.105	-0.550	0.183	0.967
	lr	1.664	1.238	-2.409	-0.697	-0.745	-0.250
	lnden	0.057***	6.348	0.017	0.836	0.074***	4.025
	lnbus	0.080***	7.979	0.014	0.465	0.093***	3.024
	lnedu	0.119***	10.586	-0.050	-1.383	0.069*	1.832
东北	mmc3	0.598**	2.343	-0.377	-0.612	0.220	0.367
	lnavgdp	0.162***	4.925	0.114	1.458	0.276***	3.497
	lnavincome	-0.019	-0.252	0.084	0.491	0.065	0.343
	lr	5.313	1.290	-1.167	-0.159	4.146	0.730
	lnden	0.100***	6.097	-0.002	-0.059	0.097*	2.412
	lnbus	0.195***	8.178	-0.345***	-4.809	-0.150*	-1.984
	lnedu	0.170***	11.616	-0.073	-1.613	0.097*	1.921

注：* p<0.1，** p<0.05，*** p<0.01。

由表 5-10 可知：

第一，东部、中部和东北地区城市婚配竞争程度对房价的直接效应显著为正，而西部地区的直接效应不显著。其中，东部地区系数值最大，东北地区次之，中部地区最小，其系数值分别为 0.611、0.598 和 0.346，H3 得到验证。由该结论可知，同东北、中部、西部地区相比，东部地区婚姻市场对住房市场的影响更大，住房彰显青年实力的信号作用更强，这同张安全、张立斌、郭丽丽（2017）的研究结论一致。

第二，东部和中部地区婚配竞争程度对房价的间接效应显著为正，而东北和西部地区的间接效应不显著。东部地区的间接效应较强，其系数值为 1.248，中部地区的间接效应较弱，其系数值为 0.894，H3 再次得到验证。这表明在东部和中部地区，本地房价不仅会受到当地婚姻市场的影响，还会受到邻地婚配竞争程度的影响，即本地婚配竞争加剧，会对邻地房价产生刺激作用。这可能是因为当地婚配竞争激烈将降低适婚人群缔结婚姻的期望，这部分人群倾向于迁移到周边地区，从而增加邻地住房需求导致。

5.5.2 时间维度上的异质性分析

为了研究婚配竞争程度对住房价格的影响及其空间溢出效应在不同时期是否有差异，将总面板数据划分为 2005~2009 年、2010~2014 年和 2015~2017 年 3 个时间段的子面板分别进行回归。与上文建模过程相同，分别对三个子面板进行 LM 检验与稳健 LM 检验，发现变量存在显著的空间相关性，应构建空间计量模型；对三个分时间的子面板分别进行 LR 联合显著性似然比检验得：2005~2009 年的统计量为 85.557，p 值为 0.000；2010~2014 年的统计量为 93.815，p 值为 0.000；2015~2017 年的统计量为 36.331，p 值为 0.000。通过 Wald 和 LR 检验确定 SDM 模型不应简化为 SAR 模型或 SEM 模型，再进行空间 Hausman 检验发现各子面板均显著拒绝原假设，故最终采用时间固定效应的空间杜宾模型。分时间段的空间杜宾模型回归及检验结果如表 5-11 所示。

表 5-11　　　　　　　　分时间段的空间杜宾模型回归及检验结果

变量	2005~2009 年		2010~2014 年		2015~2017 年	
	系数	t 统计量	系数	t 统计量	系数	t 统计量
$mmc3$	0.413 ***	3.991	-0.123	-1.268	0.185	1.440
ln$avgdp$	-0.030	-1.069	-0.074 **	-1.976	-0.037	-1.163
ln$avincome$	0.616 ***	11.551	0.957 ***	16.019	0.886 ***	10.343
lr	6.914 ***	6.046	-7.756 ***	-3.761	-11.817 ***	-3.818
lnden	0.042 ***	4.324	0.055 ***	5.872	0.065 ***	5.399
lnbus	0.050 ***	4.151	0.054 ***	4.727	0.048 ***	3.450
lnedu	0.143 ***	11.286	0.094 ***	8.181	0.152 ***	9.611
$W * mmc3$	0.957 ***	3.116	1.352 ***	4.904	0.818 **	2.344
$W *$ ln$avgdp$	0.129 ***	2.858	0.176 **	2.513	0.040	0.499
$W *$ ln$avincome$	0.521 ***	4.417	-0.379 **	-2.436	0.027	0.128

续表

变量	2005~2009 年		2010~2014 年		2015~2017 年	
	系数	t 统计量	系数	t 统计量	系数	t 统计量
$W*lr$	-7.303**	-2.468	-6.578	-1.149	-1.646	-0.189
$W*\ln den$	-0.029	-0.917	-0.032	-1.072	-0.035	-0.946
$W*\ln bus$	-0.029	-0.876	-0.135***	-3.873	-0.088*	-1.947
$W*\ln edu$	-0.056	-1.437	-0.010	-0.284	-0.047	-0.949
$W*\ln hp$	0.012	0.220	0.326***	6.728	0.075	1.064
$Hausman\ test$	142.545***		4 410.312***		47.676***	
R^2	0.678		0.675		0.655	
LogL	-147.571		0.791		-33.991	
N	1 430		1 430		858	
Wald test spatial lag	66.973 ($p<0.001$)		75.233 ($p<0.001$)		14.553 ($p<0.05$)	
LR test spatial lag	64.207 ($p<0.001$)		73.162 ($p<0.001$)		14.540 ($p<0.05$)	
Wald test spatial error	74.465 ($p<0.001$)		61.039 ($p<0.001$)		13.643 ($p<0.05$)	
LR test spatial error	75.317 ($p<0.001$)		60.641 ($p<0.001$)		13.594 ($p<0.05$)	

注：*$p<0.1$，**$p<0.05$，***$p<0.01$。

同样，为了更精确地刻画这种时间维度上的异质性，下文对分时段的空间杜宾模型进行效应分解，结果如表 5-12 所示。

表 5-12　　　　分时间的空间杜宾模型溢出效应分解

变量		直接效应		间接效应		总效应	
		系数	t 统计量	系数	t 统计量	系数	t 统计量
2005~2009	$mmc3$	0.412***	3.902	0.975***	3.155	1.387***	4.550
	$\ln avgdp$	-0.030	-1.055	0.129***	2.789	0.099**	2.327
	$\ln avincome$	0.615***	11.526	0.541***	4.711	1.156***	10.671

续表

变量		直接效应		间接效应		总效应	
		系数	t 统计量	系数	t 统计量	系数	t 统计量
2005 ~ 2009	lr	6.883 ***	5.952	− 7.229 **	− 2.388	− 0.346	− 0.131
	lnden	0.042 ***	4.335	− 0.029	− 0.918	0.013	0.446
	lnbus	0.050 ***	4.221	− 0.029	− 0.860	0.021	0.596
	lnedu	0.143 ***	10.913	− 0.056	− 1.428	0.086 **	2.297
2010 ~ 2014	mmc3	− 0.073	− 0.784	1.900 ***	4.472	1.827 ***	4.129
	lnavgdp	− 0.067 *	− 1.826	0.219 **	2.356	0.152 *	1.780
	lnavincome	0.952 ***	15.663	− 0.094	− 0.429	0.858 ***	3.739
	lr	− 7.994 ***	− 3.944	− 13.053 *	− 1.669	− 21.048 ***	− 2.696
	lnden	0.055 ***	5.908	− 0.021	− 0.477	0.034	0.744
	lnbus	0.049 ***	4.366	− 0.172 ***	− 3.282	− 0.123 **	− 2.226
	lnedu	0.094 ***	8.475	0.032	0.614	0.127 **	2.322
2015 ~ 2017	mmc3	0.192	1.528	0.904 **	2.400	1.095 ***	2.854
	lnavgdp	− 0.039	− 1.246	0.048	0.567	0.010	0.123
	lnavincome	0.885 ***	10.068	0.093	0.430	0.978 ***	4.723
	lr	− 11.808 ***	− 3.899	− 2.297	− 0.245	− 14.105	− 1.556
	lnden	0.065 ***	5.604	− 0.034	− 0.861	0.031	0.805
	lnbus	0.048 ***	3.402	− 0.093 *	− 1.848	− 0.045	− 0.890
	lnedu	0.152 ***	9.564	− 0.038	− 0.739	0.113 **	2.215

注：$*p<0.1$，$**p<0.05$，$***p<0.01$。

由表 5 - 12 可知：

第一，婚配竞争对房价的影响随时间的推移而表现出异质性特征。具体来看，2005 ~ 2009 年，婚配竞争程度影响房价的直接效应与间接效应均显著为正（$\beta = 0.412$，$p < 0.01$；$\beta = 0.975$，$p < 0.01$），总效应显著为正（$\beta = 1.387$，$p < 0.01$）；2010 ~ 2014 年，婚配竞争程度对房价的间接效应显著为正（$\beta = 1.900$，$p < 0.01$），直接效应不显著，总效应显著为正（$\beta = 1.827$，$p < 0.01$）；2015 ~ 2017 年，婚配竞争程度对房价的间接效应显著为正（$\beta = 0.904$，$p < 0.05$），直接效应不显著，但总效应显著为

正（$\beta = 1.095$，$p < 0.01$），H4 得到验证。其中，2005～2009 年时婚配竞争程度对房价的直接效应显著为正，其他两个时间段的直接效应不显著，但间接效应在各个时间段均显著为正。该结论再次说明婚姻市场对住房市场的空间溢出效应是客观存在的，也为住房调控务必重视这种空间互动提供了新的证据。

第二，从总效应来看，婚配竞争程度对房价的影响强度呈倒 U 形趋势。之所以会呈现先升后降的特征，可能是因为前期"婴儿潮"导致进入婚姻市场人口集中，加之房价上涨预期普遍，使得婚房需求对房价的拉动作用持续强劲。但随着大多数适婚人群都拥有了住房，进入婚姻市场的总人口也因计划生育政策、较低的生育率而减少，这导致婚姻市场中婚配竞争程度对住房需求的刺激作用下降，其对房价的拉动作用也有所减弱。

5.6 本章主要结论与政策启示

本章在经典信号理论模型基础上构建了信息不对称条件下双重对照的婚姻匹配模型，揭示了婚配竞争与住房价格的内在关联。在此基础上，以中国 286 个地级市为研究对象，采用空间杜宾模型，验证了婚配竞争对本地住房价格的作用及对周边城市的外溢效应，厘清了婚配竞争与住房价格的复杂影响机制。最后，从空间区位和时间演化两个角度出发，将样本数据分别划分至 4 类区域和 3 个时间段，探讨了二者关系在时空维度上的异质性。主要结论有。

第一，根据构建的动静态对照的婚姻匹配理论模型，无论男女比例相同或失衡，在有住房信号的婚姻市场中女性的婚姻预期效用均会得以改善；而男性为了寻找到优质配偶不得不购买住房提升婚配竞争力并发出信号进行展示。婚姻市场上适婚人群的行为决策无形中推动了家庭住房消费数量与质量的提升，进而对住房价格产生影响，理论推演结论与高房价现实相互吻合。

第二，婚配竞争对住房价格的影响具有空间溢出性。首先，探索性空间分析表明，房价与婚配竞争均具有正空间相关性，存在高高、高低、低高、低低 4 种空间集聚关系，且以同质集聚为主。其次，中国 286 个地级市的实证分析表明，婚配竞争对住房价格具有显著的正向总效应。最后，婚配竞争与住房价格存在空间互动。婚姻市场本身的流动性与竞争性是住房价格发生波动的重要诱因，婚配竞争加剧不仅会对本地住房价格产生直接推动作用，还会促进邻近城市房价上涨。婚配竞争加剧导致的购房刚需和地位性需求与投资获利引致的投机需求交织是我国房价高涨的重要原因。并且婚姻市场流动性的存在使得婚配竞争对住房市场的直接、间接作用交织，婚配竞争的空间溢出效应加深了地区间住房市场的互联互动，致使房价波动规律复杂，也增加了住房调控工作的难度。

第三，婚配竞争对住房价格的影响在时、空维度上均表现出异质性。根据地理区位将 286 个地级市划分为东、中、西和东北 4 类，结果显示东、中和东北地区婚配竞争对房价的直接效应显著为正，而西部地区婚配竞争程度对房价的直接效应不显著。东、中地区的婚配竞争程度对房价的间接效应显著为正，而西部和东北地区婚配竞争对房价的间接效应不显著。从时间演化特征看，2005～2009 年，婚配竞争影响房价的直接效应、间接效应和总效应均显著为正；2010～2014 年，婚配竞争对房价的间接效应和总效应显著为正，但直接效应不显著；2015～2017 年，婚配竞争对房价的间接效应和总效应显著为正，但直接效应不显著。根据总效应的系数大小，2005～2017年我国婚配竞争程度对房价的影响强度呈倒 U 形，即为先上升后下降。

由以上结论可知，婚配竞争不仅对本城市住房价格产生影响，还会作用于邻近城市的住房市场。婚姻市场与住房市场这种复杂的互联互动无疑对住房调控及和谐社会建设提出了新的挑战。据此，提出以下建议：第一，加大住房保障力度，倡导合理的住房消费观念。落实并完善租售同权政策，弱化住房在婚姻市场上传递家庭财富信号的作用和功能。第二，充分考虑婚姻市场与住房市场的空间相互作用。科学引导人口流动，做好承接迁移人口的准备，解决好部分流动适婚人群的基本住房需求，引导并鼓励其创新、促进城市发展；根据本城市的婚配竞争情况，可制定相应政策吸引适婚群体流入，缓解婚配竞争程度过大对房价的刺激作用。第三，婚姻背后是人口问题，应鼓励男女性树立新的择偶观念，倡导科学的生育观念，科学制定人口发展规划与生育政策，扩大适婚年龄人口数量，避免男女性别比例失衡问题进一步恶化。第四，鼓励青年群体由内因出发不断提高自身品质以缔结良缘，进而促进我国人口素质的整体提升。

第 6 章

婚姻挤压对住房价格的影响研究

6.1 引言

自从 1998 年出台《国务院关于进一步深化城镇住房制度改革加快住房建设的通知》以来，中国住房市场发展迅速、日新月异。回顾其发展历程，2003 ~ 2010 年，住房市场总体呈现"小抑大扬"的发展态势。随着住房市场改革的推进，住房需求得到释放，房价快速上涨。2010 年开始，国家出台多项住房调控政策，房价上涨势头得到一定程度抑制，但是住房市场更加复杂化，新的问题不断涌现，如地区发展不平衡、住房价格分化等。对住房价格进行科学合理的评估，对建立住房市场长效机制、保障经济社会平稳健康发展具有重要意义。

值得注意的是，由于传统的男孩偏好观念，加上 20 世纪 80 年代开始持续 30 多年的计划生育政策以及孕中性别检测技术，我国长期以来存在严重的出生性别比例失衡问题。1982 年第三次全国人口普查数据显示我国出生人口性别比为 107.6（女性 = 100），开始超出人口学中的正常值域范围，并且随着时间推移，出生性别比不断攀升。在 2004 年，出生人口性别比达到 121.2（女性 = 100）的峰值，并且 2004 ~ 2013 年，出生人口性别比均维持在 117（女性 = 100）以上的高位，出生人口性别比严重失衡。为了调整人口结构，国家出台了"关爱女孩行动"等政策，并取得了一定成效。第七次全国人口普查数据显示，我国出生人口性别比为 111.3（女性 = 100），虽然有所下降，但是仍然处于失衡状态。出生人口性别比长期失衡势必会影响进入婚姻市场中的性别比例。2019 年全国人口变动情况抽查表中统计了 15 岁及以上人口中未婚人口的数量，结果显示未婚人口性别比达到 152.9（女性 = 100），适婚人口性别比例失衡情况严峻，男性之间存在严重的婚姻挤压。

在此环境下，为达成婚姻缔结的目的、提高婚姻匹配的成功率，男方会通过多种手段向外界传递"优质信号"，从而使自己在竞争中处于有利地位。此时，住房由于其价值远超出个人支付水平、易于观测、相对稀缺等特征，拥有了地位性商品属性，成为可以传递男性社会地位、个人能力、家庭财富水平等"信号"的中介。与此同时，社会观念也进一步强化了住房的地位性商品属性，"有房才有家""成家立业"等传统观念赋予了住房特殊含义；传统性别角色分工致使社会文化中存在"干得好不如嫁得好"的择偶观念，进一步催生了"丈母娘经济"，由此住房成为男性在婚姻市场中避免"淘汰"的"刚需"。可见，婚姻市场存在的婚姻挤压现象与住房市场产生了紧密关联，婚房需求的增加会传导至住房市场，引起房价波动。

基于上述背景，本章探究了婚姻挤压水平与住房价格之间的本质联系，测度了婚姻挤压对住房价格的具体影响，完善了房价影响因素体系，为住房和人口管理工作提供了科学参考和依据。

6.2 理论分析与研究假设

6.2.1 婚姻挤压对住房价格的传导分析

在我国婚姻市场中，由于适婚男女性别比例失衡，男性之间存在着严重婚姻挤压现象，需要对相对稀缺的女性婚姻资源展开婚配竞争。基于地位寻求理论可知，持有"地位性商品"是在人群中凸显社会地位的一种手段。住房作为一种地位性商品，可以向女方传递个人财富水平、社会关系等综合素质信号，减少婚配双方的信息不对称，增强男性在婚姻市场中的竞争力，提高婚姻缔结的可能性。当前我国社会中男外女内的传统性别分工观念、推崇刻板"女性气质"的主流价值观以及女性在职场中的弱势地位致使"干得好不如嫁得好"社会观念得到广泛认同（杨菊华、杜声红，2017），女性在择偶过程中会将男性经济条件作为主要考虑因素。同时，在婚姻市场中相对稀缺的女性属于拥有主动权的一方，依据婚姻梯度理论，未婚女性及其家庭会更愿意与能够改善自身生活水平的男性达成婚姻关系，向上进行婚姻匹配。因此，价值高并且能够给个人带来长期效用的住房成为婚姻匹配过程中的"刚需"，男方住房需求上升，从而推动房价上涨。

根据上述分析，提出以下研究假设：

H1：婚姻挤压对住房价格具有正向影响。

6.2.2 婚姻挤压对住房价格影响的空间异质性

由于婚姻市场中寻求婚姻缔结的双方普遍存在信息不对称，未婚男女存在逆向选择的风险（方丽、田传浩，2016）。为了改善自身效用，拥有未婚子女的家庭会积极向外部传递"优质信号"，在婚配竞争中获取有利地位。由于住房具有"地位性商品"属性，成为婚姻市场中展示个人综合素质的信号载体，在达成婚姻缔结的过程中发挥重要作用。

住房之所以能成为"地位性商品"，是基于其价值远超出个人支付能力，能够给个人带来长期效用等特征。它作为信号载体向外界传递信息的效率与其"地位性商品"属性密不可分。通常而言，在住房价格较低的城市，其地位性特征相对较弱；同时较低的住房价格通常伴随着较低的经济发展水平，婚姻市场较为封闭稳定，可以通过邻里打听等手段了解双方信息，信息不对称程度较低。因此，住房作为信号载体的作用也越低。反之，在住房价格水平较高的城市，往往经济发展水平较高，婚姻市场中的男女双方流动和选择的范围可能也更大，信息不对称程度较高。此时，住房作为信息载体可以在婚姻缔结过程中发挥更大的作用，激发了竞争压力较大的适婚男性的购房需求。因此，提出如下研究假设：

H2：婚姻挤压对住房价格的影响具有非线性特征。

6.2.3 婚姻挤压对住房价格的空间溢出效应

根据地理学第一定律（Tobler's First Law）以及住房市场中空间传递的"波纹效应"，地理位置上相互邻近的区域会受到区域间合作或竞争以及要素流动的影响，其商品住房价格变化会因附近区域产生空间联系。其中人口流动是引起空间扩散效应的传统因素。人口迁移会使市场参与者的原始资金投入迁移地新的居住市场中，拉动迁移地的商品住房购买力，推动周边住房市场的发展。

当某一地区婚姻挤压程度较高，为缔结婚姻关系，会促使人口向周边区域流动，提高周边地区的住房市场需求及住房购买能力，从而带动邻近区域住房价格上涨，形成空间溢出效应。因此，提出如下研究假设：

H3：婚姻挤压对住房价格的影响存在空间溢出效应。

6.3 研究对象现状及研究设计

6.3.1 婚姻挤压测度方式

目前，学者们常用的测度婚姻挤压水平的指标是各种性别比，多用某一年龄或者某一年龄段之下男性人口与女性人口数量进行比较，以性别比例失衡水平代替婚姻挤压水平，如 28 岁男女同岁性别比、28 岁女性与 30 岁男性性别比、各地区 18 ~ 34 岁人口的性别比例等。虽然以某一年龄或年龄段的男女性别比例失衡衡量婚姻挤压具有一定合理性，但是两者并非完全等同的关系。因为在婚姻市场中，男女缔结婚姻的年龄差模式是多样的，用单一的婚姻匹配模式测度某一年龄的性别比或者整体婚姻市场的相对过剩人口无法全面反映某一年龄的婚姻匹配情况，一定程度上影响了测度的精度。本章通过计算不同婚姻年龄匹配模式下的潜在婚姻男性人数，与实际女性人数构建"婚配性别比"指标，更加精准地刻画了我国婚姻挤压水平，为进一步探究婚姻挤压与住房价格之间的关系奠定了良好基础。具体测度方法如下。

第一步，确定某一年龄下的女性数量为计算基准并进行数量计算。郭显超（2021）对 2000 年和 2010 年男女分年龄的初婚概率进行统计，结果显示我国人口在 28 岁进入婚姻的比例较高，因此本章以 28 岁的女性数量以及对应的婚配年龄差作为计算潜在男性的基础。

其中，2005 ~ 2019 年各年 28 岁女性人口数量 F_{28} 借鉴逯进、刘璐（2020）的方法进行推算而得。在《中国 2000 年人口普查资料》《中国 2010 年人口普查资料》中，以 5 岁为区间长度统计了 2000 年和 2010 年各城市分性别的人口数，各个年龄的人口数并未统计。假定普查数据每 5 岁区间内人口为均匀分布，对每个年龄段内人口数除以 5，则得到 2000 年和 2010 年各年龄分性别的人口数量。在此基础上，推算 2005～2019 年各年 28 岁女性人口数。例如，2001～2009 年 28 岁女性人口数分别由 2000 年 27 岁、26 岁……19 岁女性人口数推出，2011～2019 年 28 岁女性人口数分别由 2010 年 27 岁、26 岁……19 岁女性人口数推出。

第二步，计算 28 岁女性对应的各个年龄的潜在婚姻男性数量。潜在婚姻男性是女性在婚姻匹配中考虑与之缔结婚姻关系的男性群体，本章以婚配年龄差模式计算潜在婚姻男性。姜全保、李晓敏和费尔德曼（Feldman，2013）指出已婚男性与女性的年龄差主要分布在 −1～5 岁，并给出已婚女性中夫妻年龄差比重分布 P_{28+i}（表 6－1 给出了归一化后的分布数据）。故首先根据，第一步的方法推算 2005～2019 年各个年龄的男性人口数 M_{28+i}（$i = -1$，…，5），再根据夫妻年龄差比重分布 P_{28+i} 计算 28 岁女性对应的各年龄潜在婚配男性数量 $P_{28+i}M_{28+i}$（$i = -1$，…，5）。

表 6－1　2012 年陕西省 24～35 岁已婚女性的年龄差夫妇归一化数量分布　单位：%

女性年龄（岁）	−1	0	1	2	3	4	5
24	7.52	14.83	20.21	19.91	16.18	13.02	8.35
25	7.26	15.71	20.65	20.27	16.52	11.35	8.23
26	8.29	16.32	20.44	20.17	14.95	11.46	8.38
27	8.85	16.37	21.48	18.86	15.52	12.03	6.88
28	8.68	17.99	19.58	19.79	16.53	10.34	7.10
29	9.73	15.96	20.93	21.38	13.65	10.84	7.50
30	8.33	17.34	21.47	17.66	15.78	11.34	8.08
31	9.06	17.17	18.50	19.77	15.41	11.93	8.15
32	9.21	14.63	20.31	19.09	15.92	11.92	8.92
33	7.32	16.05	19.65	19.45	16.08	12.85	8.61
34	8.29	15.11	19.17	19.27	16.86	12.32	8.98
35	7.80	15.25	19.80	20.85	15.66	12.20	8.44
平均值	8.40	16.14	20.18	19.70	15.73	11.75	8.10

第三步，计算 28 岁男女婚配性别比。计算公式为：

$$sr\_1 = \frac{\sum\limits_{i=-1}^{5} P_{28+i}M_{28+i}}{F_{28}} \qquad (6.1)$$

式（6.1）中，sr_1 为基于 28 岁的男女婚配性别比，F_{28} 和 M_{28+i} 分别为 28 岁女性和 28 + i 岁男性人口数量，P_{28+i} 表示 28 岁女性中，与 28 + i 岁男性结婚的女性所占的比例，$\sum P_{28+i} = 1$。若婚配性别比大于 1，说明婚姻市场中潜在男性数量大于女性数量，存在男性婚姻挤压；反之，则存在女性婚姻挤压。

6.3.2　现状分析

1. 婚姻挤压

根据 6.3.1 节中给出的测度婚姻挤压水平计算方法，计算了 285 个地级市 2005～2019 年的婚姻挤压均值，并参照国家统计局的划分标准，将 285 个城市划分为东、中、西三个地区，分别计算三个地区该指标的均值。样本期内的变动如图 6－1 所示。

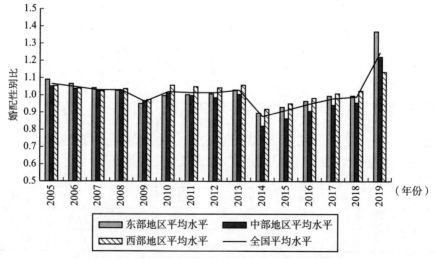

图 6－1　2005～2019 年中国婚姻挤压水平变动情况

由图 6 - 1 可知，2005 ~ 2019 年，我国总体呈现比较明显的男性婚姻挤压，但是在不同时间段内呈现不同的发展特点。2005 ~ 2013 年，婚姻挤压水平相对平稳，变化不大；2014 ~ 2019 年婚姻挤压则表现出了倒 U 形发展趋势，在 2019 年达到高位。

对东、中、西三个地区对比分析，发现三个地区的婚姻挤压水平变动趋势相似。相比之下，西部地区婚姻挤压水平体现得更为明显，其次是东部地区。这可能是由于不同地区经济发展水平、人口流动情况、社会观念等方面不同，导致婚姻挤压水平的差异性。

2. 住房价格

对 285 个地级市进行东中西部划分后，根据 2005 ~ 2019 年各地区平均房价与全国平均房价绘制图 6 - 2。

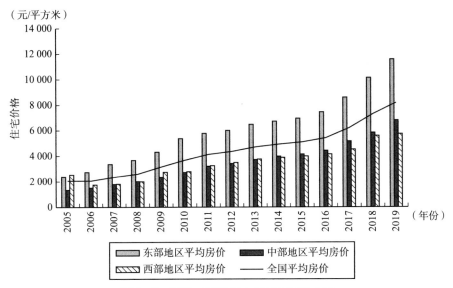

图 6 - 2 2005 ~ 2019 年中国城市房价水平

由图 6 - 2 可知，2005 ~ 2019 年，东、中、西三个地区的住房价格虽有小幅波动，但是总体呈上涨趋势，在一定程度上体现居民旺盛的住房需求。2014 年后，东部地区城市房价上涨速度加快，但是西部城市住房价格增速放缓，房价出现明显分化。

通过前述分析发现，婚姻挤压和住房价格的发展趋势具有一定关联，特别是 2014 年之后，两者均有明显上升。在我国普遍结婚的社会文化背景下，中青年步入婚姻、结婚置业是产生住房需求的一大因素之一。在此背景下，考虑将婚姻挤压纳入房价动因体系，并在下文进行具体分析。

6.3.3 研究设计

1. 变量选取

本章采用 2005～2019 年中国 285 个地级市面板数据进行实证分析，测度婚姻挤压对住房价格的影响，选取的主要变量如下。

（1）被解释变量

被解释变量是住房价格。选取城市新建商品住宅平均销售价格作为该城市住房价格的替代变量，以新建商品住宅销售总额与新建商品住宅销售面积计算而得。

（2）核心解释变量

核心解释变量为婚姻挤压水平，具体计算方法及过程参见 6.3.1 节。为了保证研究结论的稳健性，采用替换核心解释变量的方法进行稳健性检验，即将核心解释变量由 28 岁婚配性别比（sr_1）替换为 28 岁男女同岁性别比（sr_2）。

（3）控制变量

根据张安全（2017）、逯进（2020）等的研究成果，选取的控制变量有：

人均地区生产总值。人均地区生产总值是衡量地区经济发展水平的重要指标。人均地区生产总值的提高往往伴随着居民可支配收入的上升，进而影响住房需求和购房能力，对房价产生推动作用。

人口密度。人口是构成住房需求的最基本单位。在某一地块上，土地供应数量是有限的，人口越多，住房需求就越大，相对有限的住房资源价格就会随之上升。同时，人口密度通常与城市经济发展水平呈正相关趋势，进一步刺激房价上涨。

环境质量。自从 2013 年环境保护部开始检测 PM2.5 以来，居民的环保意识和对环境的要求日益增强，住房周围环境质量情况成为人们消费决策时考虑的重要因素。一般来说，良好的周边环境会推高房价，反之，环境污染产生负向外部效应，降低当地房价。考虑二氧化硫是化石燃料燃烧后的产物，为工业废气的主要成分，将工业二氧化硫的排放量作为环境污染的替代变量。

房地产开发投资。房地产开发投资额代表着某个地区未来的房地产供给，在其他条件保持不变时，开发投资越多，房地产供给越多，会对住房价格产生负向影响。但是在市场预期比较乐观、供需两旺的情况下，房价仍有可能因供不应求而走高。

财政支出水平。财政支出代表政府对基础设施的投入与支持。基础设施是否完善与居民生活水平息息相关。完善的交通条件、丰富的生活服务以及政府对医疗事业、教育事业的投入和支持均会为当地居民带来正向的外部效应，提升当地居民的生活质量，为当地的房地产增添附加值，同时吸引外来人口，促进住房价格上升。该指标由地方财政支出总额除以地区GDP而得。

2. 数据来源、处理及统计描述

本章选取全国 298 个地级以上城市数据，剔除统计数据严重缺失的城市后，剩余 285 个城市作为研究对象①。数据来源为第五次和第六次全国人口普查数据、历年《中国城市统计年鉴》和 Wind 数据库。其中，商品住宅销售额和商品住宅销售面积来自 Wind 数据库，婚姻挤压指标通过 6.3.1 节的方法利用人口普查数据测算，人均 GDP、人口密度、工业二氧化硫的排放量、房地产开发投资额、地方财政支出及地方 GDP 来自历年《中国城市统计年鉴》，并对部分缺失数据进行了补全形成平衡面板数据。为剔除通货膨胀的影响、抹除不同时间下经济指标的价格变动，以 2005 年为基期，对住房价格、人均 GDP、房地产开发投资额进行了平减处理；为了消除变量间的量纲差异，削弱模型共线性和异方差问题，对住房价格、人均 GDP、人口密度、工业二氧化硫排放量、房地产开发投资额进行了对数化处理。各变量及数据说明见表 6 - 2。

---

① 剔除城市为：毕节市、铜仁市、拉萨市、日喀则市、昌都市、林芝市、山南市、那曲市、海东市、吐鲁番市、哈密市、巢湖市、儋州市。

表 6 - 2 各变量定义

类型	变量	指标	单位	符号
被解释变量	住房价格	商品住宅平均销售价格	ln（元/平方米）	lnhp
核心解释变量	婚姻挤压水平	28 岁女性婚配性别比	/	sr_1
		28 岁男女同岁性别比	/	sr_2
控制变量	人均 GDP	人均地区生产总值	ln（元）	lnrgdp
	人口密度	每平方千米的人口数	ln（人/平方千米）	lnden
	环境质量	工业二氧化硫排放量	ln（万吨）	$lnSO_2$
	开发投资	房地产开发投资额	ln（万元）	lninv
	财政支出水平	地方财政支出总额/地区 GDP	/	fis

在进行实证分析之前，需要对各变量进行描述性统计，表 6 - 3 中分别列出了各变量的描述性统计值。由于地级市数据覆盖范围广，各城市之间经济发展水平、资源禀赋、地理区位等存在较大差异，各数据均表现出一定波动，为确保数据的平稳性，下文将做进一步检验。

表 6 - 3 变量的描述性统计

变量	mean	Sd.	min	max
sr_1	1. 011	0. 147	0. 528	2. 286
sr_2	1. 026	0. 088	0. 454	1. 603
lnhp	7. 955	0. 576	4. 696	11. 441
lnrgdp	10. 161	0. 708	4. 489	15. 357
lnden	5. 731	0. 918	1. 548	7. 923
lninv	13. 489	1. 386	8. 481	17. 397
$lnSO_2$	10. 240	1. 237	0. 693	13. 434
fis	0. 177	0. 103	0. 0210	1. 485

3. 平稳性检验及协整检验

在利用面板数据进行拟合之前，为确保数据的平稳性，避免"伪回归"，利用 LLC、HT 和 FISHER 三种方法对样本数据进行单位根检验。

各个变量检验结果如表 6-4 所示，可以看到只有婚姻挤压水平和人口密度在 LLC 检验下存在单位根，其余序列均不存在单位根，为平稳序列。进一步对婚姻挤压水平和人口密度进行一阶差分之后使用 LLC 检验，可以看到显著拒绝原假设，变量为一阶单整序列。

表 6-4　　　　　　　　　　　平稳性检验结果

变量	差分前序列				差分后序列	
	LLC	HT	ADF	结果	LLC	结果
lnhp	− 11.4334 *** (0.0000)	0.7787 *** (0.0015)	1 364.8333 *** (0.0000)	平稳		
sr_1	0.9403 (0.8265)	0.6009 *** (0.0000)	1 506.4938 *** (0.0000)	平稳	− 17.8455 *** (0.0000)	平稳
sr_2	− 4.4193 *** (0.0000)	0.5783 *** (0.0000)	1 403.9918 *** (0.0000)	平稳		
ln$rgdp$	− 4.9559 (0.0000)	0.4384 *** (0.0000)	1 084.8489 *** (0.0000)	平稳		
lnden	1.8231 (0.9659)	0.6253 *** (0.0000)	1 143.5874 *** (0.0000)	平稳	− 19.2158 *** (0.0000)	平稳
lnSO_2	− 4.7036 (0.0000)	0.5615 *** (0.0000)	1 266.1386 (0.0000)	平稳		
lninv	− 8.2925 *** (0.0000)	0.5683 *** (0.0000)	1 530.9959 *** (0.0000)	平稳		
fis	− 6.3217 *** (0.0000)	0.5723 *** (0.0000)	1 383.2416 *** (0.0000)	平稳		

注：＊$p<0.1$，＊＊$p<0.05$，＊＊＊$p<0.01$，括号内为 P 值。

在单位根检验之后，需要进行协整检验，确定变量之间存在协整关系。运用了 Kao 检验、Pedroni 检验和 Westerlund 检验三种方法，检验结果如表 6-5 所示。

表 6 - 5   面板协整检验结果

检验方法	检验统计量	Statistic	P - value
Kao 检验	ModifiedDickey - Fullert	- 3. 2270	0. 0006
	Dickey - Fullert	- 0. 6882	0. 2457
	AugmentedDickey - Fullert	6. 9809	0. 0000
	UnadjustedmodifiedDickey - Fullert	- 5. 9362	0. 0000
	UnadjustedDickey - Fullert	- 2. 3421	0. 0096
Pedroni 检验	ModifiedPhillips - Perront	23. 7513	0. 0000
	Phillips - Perront	- 21. 3141	0. 0000
	AugmentedDickey - Fullert	- 27. 1749	0. 0000
Westerlund 检验	Varianceratio	9. 3225	0. 0000

在 Kao 检验、Pedroni 检验和 Westerlund 检验中，除了 D - F 统计量未通过检验以外，其余所有检验统计量均在 1% 的显著性水平下拒绝原假设，表明变量之间具有长期均衡的协整关系，可以进一步建模分析。

6.4 空间异质性作用研究

6.2 节的理论分析表明，婚姻挤压造成男性婚姻缔结困难，购房成为提高婚姻匹配成功率的一种策略，从而导致住房需求上升，推动住房价格上涨。同时，不同城市中经济发展水平、婚姻匹配模式、婚姻观念、风俗习惯等存在较大差异，因此，婚姻挤压对住房价格的作用可能呈现非线性特征。为了更细致地刻画在不同城市中婚姻挤压对于房价的影响效果，本章采用面板分位数回归模型展开研究。

6.4.1 非线性作用测度分析

1. 面板分位数回归模型构建

普通最小二乘回归法（OLS）是以估计的残差平方和最小原则确定样本

回归模型。过去在研究婚姻缔结与住房价格两者关系的实证研究中多是采用普通最小二乘回归法，该方法虽然能得到最佳线性无偏估计的结果，但也存在一定的局限性：第一，假设限制。应用普通最小二乘法时样本数据需服从正态分布，如果数据存在偏尾分布或极端值，将影响结果估计的准确性。第二，描述限制。OLS 估计结果仅能反映变量均值间的关系，不能刻画被解释变量不同分位点下解释变量的作用效果。我国幅员辽阔，各个地区、城市之间的区位条件、资源禀赋和发展水平之间存在很大差异，房地产市场的发展水平大相径庭。据国家统计局的数据显示，样本期间我国 285 个地级市中，住房价格偏差巨大，例如在 2019 年深圳市住房平均价格为 54 328.61 元/平方米，而双鸭山市的房价仅为 2 455.62 元/平方米，差距达到 20 倍以上，极端值明显。鉴于面板分位数回归放松了正态性的假设，并能全面描述不同住房价格分位点下各影响因素的作用程度，所以此处采用面板分位数回归模型展开分析。

为了研究婚姻挤压对住房价格的影响，先建立如下线性回归模型：

$$\ln hp_{it} = \alpha_i + \beta_1 sr\_1_{it} + X_{it}\tau + \varepsilon_{it} \tag{6.2}$$

式（6.2）中 $\ln hp_{it}$ 为被解释变量，核心解释变量为 sr_1_{it}，表示 28 岁婚配性别比，向量 X_{it} 是控制变量，τ 为控制变量回归系数，下标 i、t 分别表示地区和年份，ε_{it} 表示随机扰动项。

根据康克和巴西特（*Koenker and Bassett*，1978）提出的分位数回归方法，基于被解释变量的条件分布来拟合解释变量的线性函数，构建面板分位数回归模型如下：

$$Q_\tau \ln hp_{it} = \beta_0 + \beta_1(\tau) sr\_1_{it} + \beta_2(\tau) \ln rgdp_{it} + \beta_3(\tau) \ln den_{it}$$
$$+ \beta_4(\tau) \ln SO_{2it} + \beta_5(\tau) \ln inv_{it} + \beta_6(\tau) \ln fis_{it} \tag{6.3}$$

式（6.3）中，τ 表示分位点，$i = 1, 2, \cdots, N$，$t = 1, 2, \cdots, T$。

2. 回归结果及分析

通过运用式（6.3）所示的面板分位数回归模型，对 285 个地级市进行实证分析，结果如表 6 - 6 所示。其中列出了 0.1 ~ 0.9 分位点处的婚姻挤压水平、人均 GDP、人口密度、工业 SO_2 排放量、房地产开发投额及财政支出水平的估计系数。

表 6 – 6　　　　　　　　　　面板分位数回归模型回归结果

变量	$\tau = 0.1$	$\tau = 0.25$	$\tau = 0.5$	$\tau = 0.75$	$\tau = 0.9$
sr_1	-0.0343 (-0.51)	0.0910^{*} (2.21)	0.180^{***} (4.53)	0.230^{***} (4.66)	0.229^{***} (4.26)
$\ln rgdp$	0.362^{***} (32.80)	0.352^{***} (32.88)	0.369^{***} (28.28)	0.415^{***} (29.55)	0.473^{***} (30.55)
$\ln den$	0.0528^{***} (5.67)	0.0722^{***} (9.84)	0.0789^{***} (10.25)	0.0816^{***} (10.59)	0.111^{***} (10.85)
$\ln inv$	0.146^{***} (19.58)	0.154^{***} (25.47)	0.157^{***} (25.38)	0.160^{***} (21.30)	0.162^{***} (18.49)
$\ln SO_2$	-0.0485^{***} (-7.89)	-0.0549^{***} (-11.23)	-0.0744^{***} (-12.83)	-0.0956^{***} (-15.41)	-0.123^{***} (-17.49)
fis	0.762^{***} (7.61)	1.013^{***} (12.71)	1.051^{***} (13.69)	1.024^{***} (13.07)	1.118^{***} (9.94)

注：* 表示 $p < 0.1$，** 表示 $p < 0.05$，*** 表示 $p < 0.01$，括号中为 t 值。

从表 6 – 6 可以看出：

第一，婚姻挤压对住房价格具有显著的正向影响。除 0.1 分位点之外，其余分位点的回归结果均显示婚姻挤压在 10% 的水平下显著且系数均大于 0。总体上看，样本期内婚姻市场的婚姻挤压现象的确刺激了房价上涨。

第二，婚姻挤压对住房价格的作用具有非线性特征。在不同房价分位点下，婚姻挤压对住房价格的影响并不均匀，而是随着分位点的变化而变化。具体来看，0.1 分位点处对应的是住房价格极低的城市，婚姻挤压的作用并不显著。随着房价分位点不断提高，婚姻挤压对房价产生了显著的不断增强的正向影响。当处于 0.75 分位点即高房价城市时，婚姻挤压的回归系数增加至 0.23，此时，婚姻挤压水平每增加一个单位，房价将上涨 0.23%。当处于 0.9 分位点时，即在房价极高的城市，婚姻挤压对房价的正向作用略有下降，但是作用力度依然处于高位。图 6 – 3 给出了 0.1 ~ 0.9 分位点下每隔 0.1 分位点婚姻挤压水平的回归系数及系数波动情况。由图 6 – 3 可更加直观发现，随着房价分位点提高，婚姻挤压对住房价格的作用表现出了波动上升、最后微降的特点。该结论验证了假设 1 的正确性。

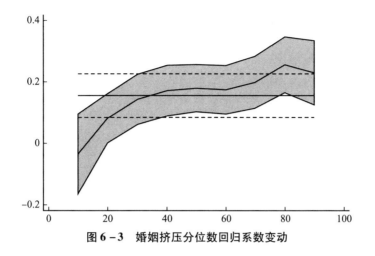

图 6-3　婚姻挤压分位数回归系数变动

　　婚姻挤压之所以对住房价格产生异质性作用，可能的原因有：一是从住房信号功能上考虑。住房的信号作用与"地位性商品"属性密切相关，而"地位性商品"是一种价值强烈依赖于"稀缺性"的商品。在低房价城市，男青年及其家庭购房相对容易，住房商品在适婚人群中的"稀缺性"低于高房价城市，地位性商品属性减弱致使婚姻挤压造成的住房需求上涨有限。在高房价城市，男青年及家庭购房难度加大，住房更能体现男性身份的"排斥性"。但在房价极高的城市，青年支付能力有限，退出购房市场选择租房的可能性增加，因此婚姻挤压对房价的刺激作用反而可能下降。二是从住房信号释放的必要性上考虑。低房价城市，往往也是经济发展水平较低、人口流动性小的城市，男女通婚的地域范围较小，相互之间更易通过"打听"等方式获得信息。高房价城市，往往具有经济发达、人口流动频繁的特点，男女通婚的地域范围更广，婚姻市场信息不对称、不透明程度更高，住房作为信息载体可以在婚姻缔结的过程中发挥更大的作用。以上原因造成了各城市婚姻挤压对住房价格的作用并非同质而在空间上呈现出异质性特征。

　　第三，各控制变量在各分位点下对住房价格的影响在 1% 的水平下均显著，且影响系数会随分位点变化而变化。样本期内，人均 GDP 对住房价格产生了显著的正向作用，随着房价分位点提高，人均 GDP 的系数从 0.362 增加至 0.473，对房价的推动作用逐渐增强。经济发展水平越高，居民的收入水平和住房消费能力往往也越高，加之高房价城市住房商品的保值增值功能优越，越会促使住房需求增加，故高房价城市经济的房价刺激作用更强。人口密度与房价之间呈现显著的正相关性，且这种作用随着分位点的提高而增强。住房是人民安居乐业的基本需求，人口密度提高住房需求往往也会增加，当供给无法及时调整时，推动房价上涨。房地产开发投资对住房价格的正向影响随分位点的提高而逐步增强。开发投资是未来的供给，短期来看其更多体现的是市场预期和信心。乐观预期下市场往往会出现供需两旺、房价上涨的局面。工业二氧化硫排放量对房价产生了显著的负向影响。高房价城市中居民往往对环境质量、住房品质等有更高要求，与低房价城市相比，环境污染更可能会造成需求向其他城市转移，对房价的负向影响更大。财政支出水平对住房价格具有显著的正向影响，且这种作用随分位点提升波动性增强。相比低房价城市，高房价城市往往也是经济发达城市，居民对交通、医疗、教育等配套设施的要求以及消费能力往往更高，加之住房的投资属性较强，故财政支出水平对房价的促进作用更大。

6.4.2　稳健性检验

本章采用替换核心解释变量的方法检验结果的稳定性，即将核心解释变量由 28 岁婚配性别比（sr_1）替换为 28 岁男女同岁性别比（sr_2）。同岁匹配也是我国婚姻匹配的主要模式之一，所以 28 岁男女性别比可以从一定程度上测度婚姻挤压的程度。对核心解释变量进行替换后进行实证分析，结果如表 6-7 所示。

表 6-7　　　　　　　面板分位数模型稳健性检验结果

变量	$\tau=0.1$	$\tau=0.25$	$\tau=0.5$	$\tau=0.75$	$\tau=0.9$
sr_2	0.0489 (0.50)	0.151 * (2.01)	0.284 *** (4.08)	0.252 *** (3.72)	0.287 *** (4.85)
$\ln rgdp$	0.359 *** (32.38)	0.350 *** (32.23)	0.366 *** (28.76)	0.424 *** (30.03)	0.468 *** (29.41)
$\ln den$	0.0539 *** (5.68)	0.0706 *** (9.43)	0.0805 *** (10.51)	0.0841 *** (10.99)	0.112 *** (10.64)

续表

变量	$\tau = 0.1$	$\tau = 0.25$	$\tau = 0.5$	$\tau = 0.75$	$\tau = 0.9$
ln*inv*	0.148 *** (20.17)	0.153 *** (25.39)	0.155 *** (25.37)	0.161 *** (21.43)	0.164 *** (18.19)
$\ln SO_2$	− 0.0493 *** (− 8.06)	− 0.0567 *** (− 11.53)	− 0.0773 *** (− 13.63)	− 0.0997 *** (− 16.64)	− 0.127 *** (− 17.22)
fis	0.777 *** (7.92)	1.005 *** (12.39)	1.032 *** (13.72)	1.009 *** (13.73)	1.098 *** (9.56)

注：* 表示 $p < 0.1$，** 表示 $p < 0.05$，*** 表示 $p < 0.01$，括号中为 t 值。

表 6 - 7 显示替换变量后，除 0.1 分位点外其他分位点的婚姻挤压均对住房价格产生了显著的正向影响。整体上看，高房价城市的影响更大。人均 GDP、人口密度、工业 SO_2 排放量、房地产开发投资额和财政支出水平对房价影响的方向和显著性均与前文的评估结果一致。该结论不仅说明前文的实证结果是稳定的，也再次验证了假设 1 的正确性。

6.5　空间溢出效应检验

随着城乡融合的不断推进，人口流动越来越频繁和普遍。当某地婚姻资源紧张，受到婚姻挤压而难以结婚的群体可能会向周边地区迁移，通过扩大通婚范围来应对竞争，从而为迁入地带来了新的住房需求，造成周边地区房价波动。为了探析婚姻挤压水平在空间层面上对周边城市住房价格产生的互联互动作用，采用空间计量方法展开相应研究。

6.5.1　空间计量模型理论基础

根据地理学第一定律，任何事物都是与其他事物相关的，只不过相近的事物关联更紧密。随着该理论不断发展，衍生了众多的空间计量方法，空间计量经济学不断丰富成熟。

空间效应主要是指多个地理单位之间的空间相互作用效应，主要包括空间自相关性和空间异质性。空间自相关性是指两个或两个以上空间主体的观测值之间存在的映射关系。空间的异质性是指各个空间观测主体之间存在的不稳定性关系引起的观测值非同质现象。

1. 空间权重的选择与构建

构建空间权重矩阵是研究空间自相关性和空间异质性的基础。分别以地理距离和经济距离构建了两种权重矩阵，为下文进一步分析做准备。

（1）地理距离空间权重矩阵

地理距离是不同区域之间建立联系的基本因素，一般认为区域之间地理距离越近，各要素之间的流动更为便捷，两地之间的互联互动作用也越明显，因此赋予的权重越大；反之越小。设定地理距离空间权重矩阵为：

$$W_{ij} = \begin{cases} \dfrac{1}{d_{ij}}, & i \neq j \\ 0, & i = j \end{cases} \qquad (6.4)$$

其中，d_{ij} 为两个城市间的直线距离。

（2）经济距离空间权重矩阵

很多情况下，采用经济和社会等因素构建权重也可以反应不同空间主体之间的相关性。此处用地区人均 GDP 的差额作为衡量地区间经济距离的指标，构建经济空间权重矩阵。其构建思路为城市之间人均 GDP 差距与空间权重呈相反的方向变动，具体如下：

$$W_{ij} = \begin{cases} \dfrac{1}{|\bar{Y}_i - \bar{Y}_j|}, & i \neq j \\ 0, & i = j \end{cases} \qquad (6.5)$$

其中，Y_i 为城市 i 在样本期间的人均 GDP。

2. 空间面板模型

研究不同空间主体之间的空间效应主要有三种模型，分别是空间自回归模型、空间误差模型和空间杜宾模型。具体如下。

（1）空间自回归模型（SAR）

SAR 模型用于研究相邻空间主体行为对其他主体的影响，公式为：

$$Y_{it} = \lambda W Y_{it} + X_{it}\beta + \varepsilon \qquad (6.6)$$

式（6.6）中，Y_{it} 为因变量，W 为空间权重矩阵，λ 为回归空间自回归项系数。X_{it} 代表核心解释变量和控制变量，β 为相应回归系数，i 表示样本数，t 表示时期。

（2）空间误差模型（SEM）

空间误差模型利用误差项反应空间主体之间的依赖性，公式为：

$$Y_{it} = X_{it}\beta + \varepsilon_{it} \tag{6.7}$$

其中，$\varepsilon_{it} = \alpha W\varepsilon_{it} + \mu_{it}$，$\mu \sim N(0, \sigma^2 I_n)$，$W$ 为空间权重矩阵，X_{it} 代表核心解释变量和控制变量向量；β 为相应回归系数，ε_{it} 为扰动项，体现空间相关性。α 为空间扰动项的回归系数。

（3）空间杜宾模型（SDM）

如果同时考虑空间滞后、空间误差效应，则应采用空间杜宾模型，公式为：

$$Y_{it} = \lambda WY_{it} + X_{it}\beta + WX_{it}\delta + \varepsilon_{it} \tag{6.8}$$

式（6.8）中，W 为空间权重矩阵。空间杜宾模型的总效应包括三个部分：λWY_{it} 为空间自回归效应，$X_{it}\beta$ 为自变量线性回归效应，$WX_{it}\delta$ 为周边地区空间效应。λ、β、δ 分别为各项效应作用系数。

（4）空间面板模型的确定

采用 LM 方法判断所适用的空间计量模型，并通过 Hausman 检验、LR 检验、Wald 检验以及模型的拟合效果确定最终选用模型形式。

3. 空间效应检验

检验空间效应的常见方法有莫兰指数检验、拉格朗日乘数检验等，此处采用莫兰指数检验法。

（1）全局空间自相关分析

莫兰指数通常用来衡量空间主体之间的平均关联程度，用来反映整个空间序列的空间集聚情况，计算公式见式（6.9）。

$$I = \frac{\sum_{i=1}^{n}\sum_{j=1}^{n}w_{ij}(x_i - \bar{x})(x_j - \bar{x})}{s^2\sum_{i=1}^{n}\sum_{j=1}^{n}w_{ij}} \tag{6.9}$$

式（6.9）中，x_i、x_j 代表城市 i 与 j 某属性变量的观测值；$\bar{x}$ 代表城市间某属性变量平均值；$s^2 = \dfrac{\sum_{i=1}^{n}(x_i - \bar{x})^2}{n}$，为样本方差；$w_{ij}$ 为空间权重矩

阵的 (i, j) 元素；而 $\sum_{i=1}^{n} \sum_{j=1}^{n} w_{ij}$ 为所有空间权重之和，经过标准化处理后和为 1。

对权重进行标准化处理后，莫兰指数可转化为：

$$I = \frac{\sum_{i=1}^{n} \sum_{j=1}^{n} w_{ij}(x_i - \bar{x})(x_j - \bar{x})}{\sum_{i=1}^{n}(x_i - \bar{x})^2} \qquad (6.10)$$

莫兰指数的取值为 $[-1, 1]$。当指数大于 0，表明空间主体之间存在正向相关关系，表现为"高高"集聚或"低低"集聚；当指数小于 0，表明空间主体之间存在负向相关关系，表现为"高低"集聚；如果莫兰指数接近于 0，则该属性空间分布是随机的，不存在空间自相关。

（2）局部空间自相关分析

全局空间自相关分析整体的空间相关性，而局部空间自相关分析可以从个体层面展示某空间主体与邻近主体是否存在空间相关性。其分析方法主要有局部莫兰指数，局部 Geary's C 和局部 Getis - OrdG。局部莫兰指数计算公式为：

$$I_i = Z_i \sum_{j} W_{ij} Z_j \qquad (6.11)$$

其中，I_i 代表空间主体的局部莫兰指数，当 I_i 大于数学期望并具有统计学意义时，提示存在局部的空间自相关；符号代表相关方向。

6.5.2　空间相关性检验

为考察 2005 ~ 2019 年不同城市之间住房价格和婚姻挤压分布是否存在空间相关性，利用地理距离空间权重矩阵和经济距离空间权重矩阵分别检验，具体结果如表 6 - 8、表 6 - 9 所示。

表 6 - 8　　　　　　　　　　全局莫兰指数（地理距离）

年份	住房价格			婚姻挤压		
	Moran'I	Z	p-value	Moran'I	Z	p-value
2005	0.061	12.821	0.000 ***	0.084	17.091	0.000 ***
2006	0.080	16.418	0.000 ***	0.084	17.085	0.000 ***

续表

年份	住房价格			婚姻挤压		
	Moran'I	Z	p-value	Moran'I	Z	p-value
2007	0.090	18.247	0.000***	0.084	17.077	0.000***
2008	0.092	18.723	0.000***	0.060	12.480	0.000***
2009	0.097	19.706	0.000***	0.080	16.263	0.000***
2010	0.101	20.501	0.000***	0.078	15.932	0.000***
2011	0.108	21.967	0.000***	0.072	14.796	0.000***
2012	0.115	23.334	0.000***	0.068	14.008	0.000***
2013	0.113	22.895	0.000***	0.048	10.106	0.000***
2014	0.104	21.148	0.000***	0.096	19.554	0.000***
2015	0.083	17.019	0.000***	0.089	18.226	0.000***
2016	0.068	14.101	0.000***	0.076	15.611	0.000***
2017	0.060	12.454	0.000***	0.058	12.108	0.000***
2018	0.050	10.521	0.000***	0.052	11.073	0.000***
2019	0.041	8.709	0.000***	0.063	13.047	0.000***

注：* 表示 $p < 0.1$，** 表示 $p < 0.05$，*** 表示 $p < 0.01$。

表 6 – 9　　　　　　　　全局莫兰指数（经济距离）

年份	住房价格			婚姻挤压		
	Moran'I	Z	p-value	Moran'I	Z	p-value
2005	0.114	3.831	0.000***	0.094	3.097	0.002***
2006	0.188	6.121	0.000***	0.922	−2.197	0.028**
2007	0.226	7.338	0.000***	0.094	3.104	0.002***
2008	0.242	7.862	0.000***	0.050	1.706	0.088*
2009	0.232	7.520	0.000***	0.060	2.023	0.043**
2010	0.245	7.969	0.000***	0.015	0.579	0.563
2011	0.220	7.165	0.000***	0.007	0.350	0.726

续表

年份	住房价格			婚姻挤压		
	Moran'I	Z	p-value	Moran'I	Z	p-value
2012	0.225	7.320	0.000 ***	0.004	0.229	0.819
2013	0.222	7.214	0.000 ***	0.020	0.766	0.444
2014	0.206	6.718	0.000 ***	-0.005	-0.042	0.967
2015	0.193	6.306	0.000 ***	0.006	0.312	0.755
2016	0.137	4.506	0.000 ***	0.023	0.843	0.399
2017	0.108	3.569	0.000 ***	0.040	1.408	0.159
2018	0.096	3.200	0.001 ***	0.003	0.220	0.826
2019	0.070	2.355	0.019 **	0.137	4.491	0.000 ***

注：* 表示 $p < 0.1$，** 表示 $p < 0.05$，*** 表示 $p < 0.01$。

由表 6 - 8 和表 6 - 9 可知，在地理距离权重矩阵下，住房价格和婚姻挤压水平的全局莫兰指数全部在 1% 的水平下显著为正，表示房价和婚姻挤压均存在正向的空间集聚现象。而在经济距离空间权重矩阵下，只有住房价格的莫兰指数全部显著为正，而婚姻挤压水平多数年份均未通过显著性检验，因此下文的空间分析特指地理距离权重矩阵下的情形。从两个指标的莫兰值发现，样本期内住房价格的正向空间相关性呈现先加强后减弱的倒 U 形特点；而婚姻挤压的正向空间相关性则呈"波浪型"变化。图 6 - 4、图 6 - 5 分别展示了我国婚姻挤压和房价在 2005 年、2010 年、2013 年和 2019 年的莫兰散点图。

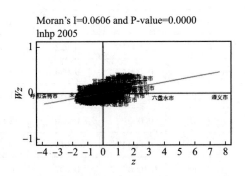

Moran's I=0.0606 and P-value=0.0000
lnhp 2005

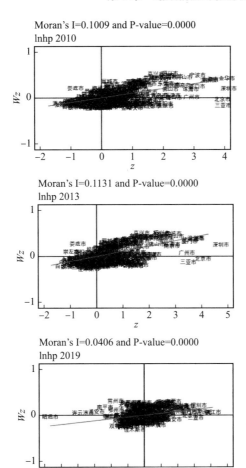

图 6 - 4 2005 ~ 2019 年婚姻挤压水平

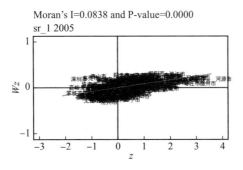

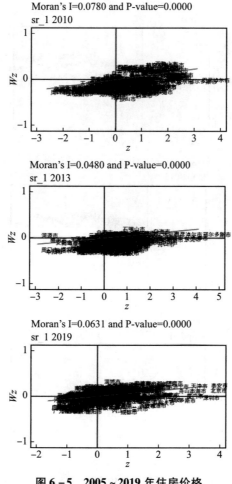

图 6 – 5   2005 ~ 2019 年住房价格

由图 6 – 4 和图 6 – 5 可知，一是样本期内 285 个城市住房价格和婚姻挤压的空间分布具有类似规律，四个象限都有城市分布，但是绝大多数城市集中分布在一、三象限，"高高"和"低低"是两个指标的主要集聚模式。二是不同时间的莫兰散点图变化不大，反映出住房价格和婚姻挤压的空间格局具有一定的稳定性。

由于房价和婚姻挤压存在正向空间相关性，下文构建空间计量模型进一步测算空间溢出效应的大小，分析空间相关性的形成原因。

6.5.3　空间溢出效应测度分析

1. 空间计量模型的选择与构建

（1）模型选择

采取 LM 检验进行初步判断，结果如表 6 - 10 所示。空间误差项的 p 值均在 1% 的显著性水平下显著，说明可以使用 SEM 模型；空间滞后项的 p 值均在 1% 的显著性水平下显著，说明也可以使用 SAR 模型。由于两种模型都合适，所以下文以空间杜宾模型为基础构建空间计量模型。

表 6 - 10　　　　　　　　　　　模型适用性检验

检验方法	统计量	p 值
Spatial error：		
Moran's I	52. 766	0. 000
Lagrange multiplier	689. 729	0. 000
Robust Lagrange multiplier	623. 264	0. 000
Spatial lag：		
Lagrange multiplier	76. 158	0. 000
Robust Lagrange multiplier	9. 692	0. 002

（2）检验选择的效应

由于本章采用 2005 ~ 2019 年 285 个地级市面板数据进行回归分析，时间跨度较长、覆盖范围广，根据董纪昌、曾欣、牟新娣等（2020）的观点，此时采用时间固定效应模型较为合理。为进一步确定模型形式，对时间固定效应的 SDM 模型进行空间 Hausman 检验，其统计量为 193.03，p 值为 0.000，因此拒绝随机效应的 SDM 模型，采用时间固定效应的 SDM 模型。

由于 SDM 可能会简化为 SAR 或 SEM，需进行进一步检验。由表 6 - 11 空间杜宾模型效应检验部分可知，Wald 检验和 LR 检验均在 10% 的显著水平下拒绝原假设，因此 SDM 不能简化为 SAR 或 SEM。因此最终选择时间固定效应的 SDM 展开分析。

表 6-11 检验效应结果

检验方法	系数	P 值	结论
Hausman	193.03	0.0000	固定效应
Wald_spatial_error	64.01	0.0000	不可退化
LR_spatial_error	61.74	0.0000	不可退化
Wald_spatial_lag	12.24	0.0568	不可退化
LR_spatial_lag	12.22	0.0573	不可退化

通过检验和对模型拟合效果进行比较,最终确定空间杜宾时间固定效应模型,具体形式如下:

$$\ln hp_{it} = \lambda W\ln hp_{it} + \beta_1 sr\_1_{it} + \beta_2 \ln grp_{it} + \beta_3 \ln den_{it} + \beta_4 \ln inv_{it} + \beta_5 \ln SO_{2it}$$
$$+ \beta_6 \ln fis_{it} + a_1 Wsr\_1_{it} + a_2 W\ln grp_{it} + a_3 W\ln den_{it} + a_4 W\ln inv_{it}$$
$$+ a_5 W\ln SO_{2it} + a_6 W\ln fis_{it} + v_t + \varepsilon_{it} \tag{6.12}$$

其中,λ 是空间自回归系数,表明婚姻挤压对周边地区住房价格作用大小;W 为地理距离空间权重矩阵,v_t 是时间效应,ε_{it} 是残差项。

2. 回归结果及分析

我国婚姻挤压对住房价格影响的空间溢出效应实证回归结果如表 6-12、表 6-13 所示。

表 6-12 空间杜宾模型回归结果

变量	系数	变量	系数
sr_1	0.171 *** (3.57)	$W*sr\_1$	0.515 (1.58)
$\ln rgdp$	0.330 *** (25.25)	$W*\ln rgdp$	0.228 (1.81)
$\ln den$	0.0635 *** (7.35)	$W*\ln den$	0.0427 (0.63)
$\ln inv$	0.153 *** (25.59)	$W*\ln inv$	-0.0802 (-1.22)

续表

变量	系数	变量	系数
$lnSO_2$	-0.0839^{***} (-15.92)	$W*lnSO_2$	-0.0973^{*} (-2.16)
fis	0.709^{***} (9.66)	$W*fis$	1.037 (1.47)

注：* 表示 p<0.1，** 表示 p<0.05，*** 表示 p<0.01，括号中为 z 值。

表 6-13　　　　　　　　　　空间效应分解结果

变量	直接效应	间接效应	总效应
sr_1	0.185^{***} (4.14)	3.738^{*} (1.73)	3.923^{**} (1.83)
$lnrgdp$	0.338^{***} (30.65)	2.703^{***} (3.00)	3.041^{***} (3.37)
$lnden$	0.0657^{***} (7.43)	0.469 (1.18)	0.535 (1.35)
$lninv$	0.154^{***} (24.09)	0.294 (0.68)	0.448 (1.04)
$lnSO_2$	-0.0881^{***} (-14.79)	-0.889^{***} (-2.67)	-0.977^{***} (-2.93)
fis	0.739^{***} (10.91)	8.821^{**} (1.96)	9.559^{**} (2.12)

注：* 表示 p<0.1，** 表示 p<0.05，*** 表示 p<0.01，括号中为 z 值。

表 6-12 给出了当地和周边地区婚姻挤压水平对房价的作用效果，可以看出，本地区婚姻挤压水平、人均 GDP、人口密度、房地产开发投资水平及财政支出水平都对住房价格产生了显著的正向作用，而工业二氧化硫排放量则产生了显著的负向影响。由于对空间模型分解结果的讨论更具有分析意义。

由表 6-13 可知：

第一，婚姻挤压对住房价格的总效应、直接效应和间接效应均显著为正。婚姻挤压水平每上升 1 个单位，对本地房价和邻近城市房价的影响系数分别为 0.185 和 3.738，总影响系数为 3.923。婚姻市场单身男性的婚姻挤压越严重，男青年及家庭越需要通过购房来获得主动地位和吸引优质女性，住房需求增加引起房价上涨。当本地婚姻市场竞争加剧，部分青年可能会流动到择偶相对容易的城市，引起住房需求转移，进而促进邻地房价上涨。该结论反映出婚姻挤压和房价间的确存在空间上的联动关系，也验证了假设 3 的正确性。

第二，所有控制变量均对本地房价产生了显著影响，其中，人均 GDP、二氧化硫排放量和政府财政支出对邻地房价也产生了显著外溢效应。具体来看，人均 GDP 每增加 1%，将推动本地房价上涨 0.338%，推动邻近地区房价上涨 2.703%。当城市经济发展良好，则居民就业环境和收入水平往往也较为乐观，这不仅增强了居民对本地住房的消费能力，也会提高居民对邻近城市住房的投资和消费能力，进而引起邻地房价上涨。人口密度和房地产开发投资对房价的作用主要集中在本地，对邻近城市没有显著影响。工业二氧化硫排放量作为代表环境污染的负向指标，对本地房价和周边地区房价都起到了显著的负向作用。政府财政支出则对本地和周边城市都产生了正向影响，较高的财政支出往往和完善的基础设施和公共服务相对应，住房因附加值增加而增值，周边城市的房价也可能会因波纹效应而同步上涨。

6.5.4　稳健性检验

此处采用替换核心解释变量的方法检验实证结果的稳定性，即将核心解释变量由 28 岁婚配性别比（sr_1）替换为 28 岁男女同岁性别比（sr_2），结果如表 6 – 14、表 6 – 15 所示。

表 6 – 14　　　　　　　　　稳健性检验回归结果

变量	系数	变量	系数
sr_2	0.291 *** (4.27)	Wx_sr_2	2.140 *** (3.37)
$lnrgdp$	0.326 *** (24.56)	Wx_lnrgdp	0.451 *** (3.48)

续表

变量	系数	变量	系数
ln*den*	0.0673 *** (7.78)	*Wx*_ln*den*	0.161 * (2.21)
ln*inv*	0.153 *** (25.60)	*Wx*_ln*inv*	− 0.142 * (− 2.16)
lnSO_2	− 0.0856 *** (− 16.24)	*Wx*_lnSO_2	− 0.0967 * (− 2.15)
fis	0.720 *** (9.82)	*Wx*_*fis*	2.029 ** (2.78)

注：* 表示 $p < 0.1$，** 表示 $p < 0.05$，*** 表示 $p < 0.01$，括号中为 z 值。

表 6 – 15　　　　　　　　　　稳健性检验空间效应分解

变量	直接效应	间接效应	总效应
*sr*_2	0.338 *** (5.26)	12.97 ** (2.67)	13.31 *** (2.74)
ln*rgdp*	0.338 *** (28.97)	3.782 *** (3.49)	4.120 *** (3.79)
ln*den*	0.0717 *** (8.06)	1.110 * (2.38)	1.182 ** (2.55)
ln*inv*	0.153 *** (24.08)	− 0.0586 (− 0.15)	0.0945 (0.24)
lnSO_2	− 0.0896 *** (− 15.04)	− 0.855 ** (− 2.67)	− 0.945 *** (− 2.96)
fis	0.768 *** (11.07)	13.90 ** (2.64)	14.67 ** (2.77)

注：* 表示 $p < 0.1$，** 表示 $p < 0.05$，*** 表示 $p < 0.01$，括号中为 z 值。

　　由表 6 – 14、表 6 – 15 可知，将核心解释变量替换后，回归结果与上文基本一致，反映本章研究结论的稳健性，再次验证假设 3 的正确性。

6.6　本章主要结论与政策启示

本章在理论分析基础上，对我国婚姻挤压和住房价格之间的非线性作用以及空间溢出效应进行了解释与分析，得到相关结论如下。

第一，我国婚姻挤压与住房价格存在区域异质性。对我国 285 个地级市的婚姻挤压水平和住房价格进行分析可知，我国总体呈现明显的男性婚姻挤压，东中西部变动趋势相似，但西部的婚姻挤压水平体现得更为明显；东中西的住房价格总体持续上涨，体现居民旺盛的住房需求，2014 年之后不同地区之间房价出现明显的分化。

第二，面板分位数回归结果显示，除最低分位点外，各个分位点下婚姻挤压对住房价格均产生了显著的正向影响，但这种影响并非均匀分布。相比于低房价城市，高房价城市中婚姻挤压对房价的刺激作用更大，体现了二者关系的空间异质性。

第三，探索性空间数据分析结果显示，我国城市的住房价格和婚姻挤压均存在正向的空间相关性，前者莫兰指数呈现先升后降的倒 U 形趋势，后者则呈"波浪"形特点。样本期内绝大多数城市两个指标均呈"高高"或"低低"集聚模式，局部空间格局变化不大。

第四，SDM 估计结果显示，婚姻挤压对住房价格的作用具有空间溢出性。婚姻挤压所带来的婚房需求增加对本地住房价格产生了刺激作用，同时也会因适婚人口、资金等要素流动对邻近城市房价产生推动作用。

由以上结论可知，婚姻市场的婚姻挤压现象对城市住房市场产生了显著影响，且这种影响具有复杂的作用形态，并为人口和住房管理政策的制定提供了思路。

第一，从思想观念来看，国家不仅要引导强化性别平等观念，扭转传统的"男孩偏好"，以消除潜在的性别歧视，而且还要引导青年群体树立科学的婚恋观念，从追求"婚房""彩礼"转向对个人品质素质的追求，激励青年自立自强进而不断提高全民素质。

第二，从两个市场的管理方向来看，一要大力发展住房租赁市场和保障性住房体系，降低青年群体的婚育负担；二要治理婚嫁陋习、婚房竞争等不良社会风气，规范发展婚介市场，促进婚姻市场与住房市场和谐发展。

　　第三，从空间异质性来看，人口与住房管理政策制定应关注城市差异。要根据各城市经济基础、人口特征以及住房市场发展的具体阶段因地制宜地出台管理政策。从空间联动性来看，人口与住房管理政策都应关注人口等要素在城市间的流动，也要关注周边城市的变化，努力应对邻近城市带来的负面影响，实现共同发展。

　　第四，从长远的人口发展来看，在全面放开三孩背景下，各地政府不仅要制定更加灵活的人口政策，综合运用税收、住房补贴、生育哺育假、生育保险等多种手段提高青年的生育意愿，而且还要系统性地考虑婚嫁、生育、养育等问题，使生育激励政策能够真正落地，进而缓解性别失衡问题，在婚姻市场和住房市场的和谐之下不断提高居民的幸福指数。

第 7 章

婚配竞争压力对家庭住房
消费的影响研究①

7.1 引言

第七次人口普查数据的公布，再次引发了全社会对于我国人口发展的关注和讨论。数据显示，我国出生人口性别比达 111.3（女 = 100），男性比女性多 3 490 万，20 ~ 40 岁适婚男性比女性多 1 752 万。而 2019 年，我国未婚人口男女性别比更是高达 152.95（女 = 100）。适婚青年性别结构严重失配，令多少家庭不安和忧虑，引致了"婚房竞争""无房不嫁"现象的愈演愈烈，使得原本单纯的婚姻市场与住房市场变的错综交融。二者的"捆绑"，不仅阻碍青年组建家庭，更可能造成家庭非理性消费、幸福感下降，甚至激化矛盾影响社会稳定。2021 年 5 月 31 日，中央政治局会议审议了《关于优化生育政策促进人口长期均衡发展的决定》，强调要"将婚嫁、生育、养育、教育一体考虑"，加强适婚青年婚恋观、家庭观教育引导，对婚嫁陋习、天价彩礼等不良社会风气进行治理，提出了将婚姻市场改革作为解决人口问题的思路。可见，令多少男青年娶不起、不敢娶的"婚房"问题已成为结婚率、生育率改善的"拦路虎"。此时，婚房消费问题，不再仅仅是青

---

① 本章主要内容是在李斌、任津汝、张所地合著论文《婚配竞争压力对家庭住房消费行为的驱动研究——对"婚房竞争"现象的透视》基础上形成，该文发表于《消费经济》2022 年第 38 卷 1 期，第 83 ~ 96 页。

年个人行为，更是关系到国家制度安排、群体亲密稳定、人口长期均衡发展的大事。透过现象看本质，是当前住房市场运行规律剖析和发展趋势预判的前提，因此，能否厘清婚配行为和家庭住房消费行为的关系成为化解"丈母娘效应"负面影响，实现广大青年家庭"安居梦"的关键问题。

国内外学者关于住房消费行为影响因素的研究，主要从以下方面入手：一是个体特征，如自身就业状况、工作单位等因素对于一个家庭是否购房或改善住房具有重要影响（Fu、Zhu and Ren，2015；杨巧、杨扬长，2018）。二是家庭特征，如户主年龄、户主婚姻状况、家庭规模、家庭劳动力人口数、家庭年收入、家庭年居住支出等因素（张凤、宗刚，2014；黄雄、白程赫、张杰，2018）。三是心理因素，有学者引入居民的心理认知，发现主观社会地位会影响家庭住房的租购选择（邹静、邓晓军，2019）；家庭改善住房条件需求越强烈、对生活幸福度要求越高，购房的意愿越强烈（彭志胜、马江峰、陈安宁，2020）。四是人口特征，有学者发现人口年龄结构变化能部分解释住房面积的变化（顾和军、周小跃、张晨怡，2019）。五是经济成本因素，如房价租金比、房价收入比等对购房行为都有负向影响（鞠方、雷雨亮、周建军，2017）。六是政策制度因素，政策执行因素的改进与完善将提高中低收入群体租房意愿（郭金金、夏同水，2020），制度因素虽然不再影响年轻一代的住房决策，但户籍制度中"户口"仍然阻碍了外来人口在住房购买市场上的自由选择。

在适婚青年性别严重失衡背景下，家庭住房消费行为以及住房市场的运行除了与上述因素有关，是否还与婚姻市场有关？这一问题逐渐引起了学者们的关注。研究发现，出生高峰中的"80后"集中进入婚姻市场推动了房价上涨（刘学良、吴璟、邓永恒，2016）。从宏观层面来看，男女性别失衡引致的婚配竞争行为会通过影响市场供需最终引起房价上涨；从家庭层面来看，结婚时门当户对的家庭选择租房居住的概率高，而具有高攀特点的家庭则选择购房的可能性更大（蔡宏波、韩金镕、苏丽锋，2019），个人出于对私人空间的追求以及家庭关系的变化都促使青年增加住房消费（林蒙丹、林晓珊，2020），农村青年家庭为了娶好媳妇也不得不建好房、建大房（方丽、田传浩，2016）。此外，国外学者认为离婚率上升会导致住房拥有率下降，而国内学者则发现离婚成为规避限购政策的手段，对限购城市房价有显著的正向作用（汤韵、梁若冰，2016）。至此，不难发现婚姻市场对家庭住房消费乃至整个住房市场都具有重要影响。

适婚青年在婚姻市场所面临的压力主要来自同性之间的竞争，而这种竞争涉及与异性实现匹配的方方面面。以家庭背景为代表的先赋性特征和以个人能力和努力为代表的自致性特征是婚姻匹配的主要维度（Kalmijn，1994），也是婚配压力的主要来源。基于地位竞争论，婚姻匹配受到青年原生家庭社会地位和家庭背景的影响，好的"家世"有助于向下匹配者保持婚后品质，缓解向下流动的负面影响（李家兴，2020）；较高的家庭阶层有助于自致阶层较低者获得更高阶层的配偶，而且当代中国的婚姻匹配模式存在明显的"门当户对"特征，即男女双方的家庭背景决定着婚姻能否匹配（文强、杨小军，2020）。从个人角度，年龄、工作、收入、受教育程度等因素均会影响适婚青年的匹配（章逸然、章飚、胡凤英，2015）。同时，虽然现在农村人口流入城市的现象普遍存在，但户籍依然影响人们的婚配选择，"城镇户口"的价值依然存在（王栩淳、钟笑寒，2018）。在男性婚姻挤压背景下，城市户籍男性在婚姻市场依旧占有优势，而农业户籍男性则面临较大的择偶困境（段朱清、靳小怡，2020）。最后，由于中国"先买房、后结婚"的观念根深蒂固，拥有一套零贷款的住房必然会提高青年在婚姻市场的竞争力。此外，青年所处地区及该地区性别比也会对个人的婚姻匹配产生影响（袁晓燕，2017）。适婚青年在上述匹配指标方面与同性进行比较和竞争，某项（些）指标处于劣势的青年将面临匹配失败的压力。

由上可见，虽然现有文献对家庭住房消费决策影响因素的研究已经较为丰富，但是关于适婚青年婚配行为与住房市场关联的研究却不多。这些研究往往从宏观层次入手，从微观视角测度适婚青年所面临的婚配竞争压力，考察这种压力对家庭住房消费行为决策影响的研究成果寥寥。由于对二者传导机理的理论建模，以及利用大规模微观家庭数据实证研究的缺乏，使得家庭住房消费行为动因研究框架及研究结论可能会与国内实际情况产生差距。同时，中国住房市场宽广，层次多样且不断变化，时间及空间纬度上的考察缺乏将直接影响市场运行规律的剖析，亟待深入探讨以提供参考。因此，本章在经典信号理论模型基础上构建了基于住房租购及类别信号的婚姻匹配理论模型，刻画了适婚青年婚姻缔结行为与其住房消费行为之间的内在关联。在此基础上，利用"中国家庭追踪调查"（CFPS）数据构建家庭住房消费行为决策模型，探析适婚青年的婚配竞争压力对其住房租购决策以及住房类别选择的影响，并从时、空两个维度剖析二者关系的异质性，深入揭示隐藏在"婚房竞争"现象背后的机理。研究工作对于科学解释家庭住房消费决策、顺利推进"租购并举"实施、促进住房调控有效精准,对于缓解"婚""房"矛盾提升青年及其所在家庭幸福感,对于构建和谐社会、实现"美好生活"等都具有重要的理论和现实意义。

7.2　理论分析与研究假设

婚姻缔结的过程是双方交换婚姻资源的过程。适婚青年的婚姻资源是其在婚姻市场进行竞争的资本,婚姻资源越差,青年在婚姻市场的竞争压力越大。对青年婚姻资源的评价,即为一种"品质"。对于男性而言,这种"品质"主要体现为个人特征,以及相对隐蔽、可视性差的家庭背景、家庭财富等特征。对于女性,这种"品质"则主要集中于可观测的容貌、身材、年龄、职业等特征。从这一角度理解,则婚姻市场中男青年的信息透明度更差。婚姻匹配过程会被潜在男性配偶的信息缺失所阻碍,女青年只能花费时间、精力、金钱进行搜寻和被搜寻。此时,男青年如果可以引入某种信号机制,让自身的"品质"对女性更具有可观测性,则有利于消除婚姻市场的信息不对称,提高婚配效用和效率。

住房作为一种地位性商品,由于其较为直观、价值量巨大又难以造假,因此可以有效传递家庭财富信号。在我国,住房最符合中国人"安身立命"之价值取向,也是家庭财富代际转移的主要形式和青年融入城市生活的必要载体。加之"婚后从夫居"的传统观念根深蒂固,因此,住房便成了中国婚姻市场的优良信号工具,也是男青年缓解其婚配竞争压力的优良工具。

可见,适婚男青年的婚姻缔结行为与住房消费行为间已悄然产生了"捆绑"效应,住房对青年能否成功实现婚配的重要性不言而喻。无论男性"品质"如何,对住房消费信号机制的利用都有助于消除婚姻市场中的逆向选择问题。婚配竞争压力之下,男青年通过释放"有房子"和"有好房子"的信号能提升婚姻资源"品质",增强其在婚姻市场被搜寻中的主动地位,也能降低其在婚姻市场面临的婚配竞争压力。因此,在经济实力允许的情况下,适婚男青年及其家庭更可能做出买房而非租房,以及买"好房"的行为决策,以便能减轻其婚配竞争压力努力形成分离均衡并与优质女性配对。这体现出了不同品质青年的内聚性和身份排斥性,也解释了现实中"婚房竞争"现象的根源。基于上述分析,提出如下假设。

H1：婚配竞争压力正向影响家庭的购房概率，即婚配竞争压力越大，男性青年及家庭越倾向于买房而不是租房。

H2：婚配竞争压力正向影响家庭的购房档次，即婚配竞争压力越大，男性青年及家庭更倾向于购买高类别住宅。

婚姻市场和住房市场的这种关联，除了受两市场自身特点影响，可能还会受到个体所在地区经济实力、住房租赁市场发展情况、本地婚嫁风俗、人口结构及流动等因素影响。不同地区，经济发展、人口结构和传统习俗不同时，青年及家庭的购房能力、租购意愿、住房类别偏好都会表现出不同特点，且信息不对称程度及信号发挥的必要性都有所不同。此时，婚姻市场的婚配竞争压力会对家庭住房消费决策产生不同的影响，故提出以下假设。

H3：婚配竞争压力对不同地区家庭住房租购选择、住房类别选择的影响存在异质性。

同时，随着时间的推移，住房租赁市场日益完善，"租购同权"政策的推行也极大提升家庭的租赁偏好，再加上如今大多数城市能够为租赁住房的家庭提供良好的公共商品和服务，有效地提高了这部分家庭租房意愿，因此随着时间的推移，婚配竞争压力对青年及家庭住房消费决策的影响也将产生不同影响。故提出如下假设。

H4：婚配竞争压力对不同时期家庭住房租购选择、住房类别选择的影响存在异质性。

下文将借助于微观家庭调查数据对以上四条假设的正确性进行实证检验。

7.3 研究设计

7.3.1 变量设计与说明

本章要研究男青年的婚配竞争压力对家庭住房消费行为的驱动效应。此处的住房消费行为一是指家庭是选择买房结婚还是租房结婚，二是指购买婚房时是选择大面积户型，还是中、小面积户型。结合前文的理论分析设计了实证研究的被解释变量、核心解释变量和控制变量，如表 7-1 所示。

表 7 - 1　　　　　　　　　　　实证模型变量汇总

类型	变量	符号	变量说明或处理
被解释变量	家庭住房租购选择	choice	购房，choice = 1；租房，choice = 0
	家庭住房面积类别选择	area	小面积，90 平方米以下，area = 1；中面积，90 ~ 140 平方米，area = 2；大面积，140 平方米以上，area = 3
核心解释变量	婚配竞争压力	$MMCSI_{family}$	笔者构建
控制变量	家庭年收入	lnincome	家庭年收入的对数
	家庭消费水平	lnconsump	家庭年支出的对数
	住房问题严重程度	housep	个人对住房问题严重程度的看法：严重，housep = 0；不严重，housep = 1
	就业问题严重程度	employp	个人对就业问题严重程度的看法：严重，employp = 0；不严重，employp = 1
	其他房产数量	asset	
	地理位置	locate	西部，locate = 1；中部，locate = 2；东北，locate = 3；东部，locate = 4
	年份	year	2014，year = 1；2016，year = 2；2018，year = 3

第一，被解释变量包括家庭住房租购选择与住房面积类别选择两个变量，分别用以探讨家庭住房消费中的租购偏好及类别偏好。

第二，核心解释变量为婚配竞争压力。能否科学构建反映适婚男青年婚配竞争压力的变量是基于婚姻家庭理论创新住房市场波动分析框架的关键问题，也是婚配竞争驱动下家庭住房消费行为实证研究的前提和基础。

适婚男青年在婚姻市场所面临的压力主要来自同性之间的竞争，而这种竞争涉及与异性实现匹配的各个维度。诸多研究显示，适婚青年主要在先赋性特征和自致性特征两个维度进行匹配，这些特征既是婚姻资源的组成要素，也是婚配竞争压力的主要来源。

从家庭先赋性特征来看，婚姻匹配受到青年原生家庭社会地位和家庭背景的影响，好的"家世"有助于向下匹配者保持婚后品质；较高的家庭阶层有助于资助阶层较低者获得更高阶层的配偶，实证研究时则常以家庭职业背景、父亲收入水平等指标来度量青年的家庭背景及社会地位。同时，家庭财富状况和亲友资源对子女在婚姻市场的竞争同样起到重要作用，家庭财富状况通常由家庭拥有的资产来衡量，而亲友资源则可用家庭人情礼支出来度量。除了上述从物质基础角度对家庭背景的考量，学者们认为家庭教育也可以在一定程度上反映家庭地位和实力。在中国，家庭教育主要由母亲承担，故母亲的受教育程度可较好地反映家庭教育水平。

从个人自致性特征来看，年龄、收入、健康状况、受教育程度、职业等因素均会影响适婚青年的匹配。同时，二元分割的户籍制度是中国以法律形式限制农民进入城市进行资源分配的一项制度，虽然现在农村人口流入城市的现象普遍存在，但户籍依然影响人们的婚配选择。最后，由于中国"先买房、后结婚"的观念根深蒂固，拥有一套零贷款的住房必然会提高青年在婚姻市场的竞争力。此外，婚姻匹配不仅取决于微观家庭和个体条件，也取决于诸如地区性别比等宏观因素。将每个个体所面临的宏观条件内生进现有的婚姻决策，有助于个体寻找到各自在现有约束条件下的最优选择。

适婚男青年在上述匹配维度与同性进行比较和竞争，某项（些）指标处于劣势的男青年将面临匹配失败的压力。因此，该部分在上述研究成果基础之上，充分考虑中国婚姻市场的现实情况和 CFPS 调查项目特点，从人口性别结构、家庭先赋性特征、个人自致性特征 3 个层面挖掘可以恰当反映适婚男青年婚配竞争压力程度的指标，构建婚配竞争压力测度指标体系（见表 7－2）。其中，地区人口性别结构包括总体性别比例和未婚男女性别比例；家庭先赋性特征包括家庭背景、父亲的收入、家庭亲友资源、家庭教育；个人自致性特征包括个人年龄、身高、健康状况、户籍类型、收入水平、受教育程度、职业性质、住房拥有情况和住房贷款情况。对表 7－2 中 16 个二级指标进行因子分析，将所得因子得分 min-max 标准化后的值作为婚配竞争压力的测度值。

表 7－2　　　　　　　　　　婚配竞争压力测度指标体系

	一级指标	二级指标	符号	变量说明或处理
婚姻匹配竞争压力 MMCSI_family	地区人口性别结构	总体性别比例	totalrate	
		未婚男女性别比例	unmarriedrate	

	一级指标	二级指标	符号	变量说明或处理
婚姻匹配 竞争压力 MMCSI_family	家庭先赋性 特征	家庭背景	positionf	由父亲的职位表示：政府部门/党政机关/人民团体，positionf = 1；事业单位，positionf = 2；国有企业、私营企业/个体工商户、外商/港澳台商企，positionf = 3；其他类型企业、个人/家庭、民办非企业组织/协会/行会/基金会/村居委会、无法判断、其他，positionf = 4
		父亲的收入	salaryf	税后月收入：0 ~ 1 600，salaryf = 3；1 600 ~ 3 600，salaryf = 2；3 600 -，salaryf = 1
		家庭亲友资源	social	家庭人情礼支出占总支出的比例：0 ~ 0.035，social = 3；0.035 ~ 0.1，social = 2；0.1 -，social = 1
		家庭财富状况	wealth	家庭总资产表示：0 ~ 305 500，wealth = 3；305 500 ~ 816 000，wealth = 2；816 000 -，wealth = 1
		家庭教育	edum	由母亲的受教育程度表示：博士，edum = 1；硕士，edum = 2；本科，edum = 3；大专，edum = 4；高中，edum = 5；初中，edum = 6；小学，edum = 7；文盲或半文盲，edum = 8
	个人自致性 特征	年龄	age	18 ~ 25，age = 1；25 ~ 40，age = 2
		身高	height	女：- 150，height = 3；150 ~ 160，height = 2；160 -，height = 1；男：-165，height = 3；165 ~ 175，height = 2；175 -，height = 1
		健康状况	health	个人自评值：非常健康，health = 1；很健康，health = 2；比较健康，health = 3；一般，health = 4；不健康，health = 5
		户籍类型	register	非农业户口，register = 1；农业户口，register = 2

	一级指标	二级指标	符号	变量说明或处理
婚姻匹配竞争压力 MMCSI_family	个人自致性特征	收入水平	salary	本人税后月收入：0，salary = 3；0 ~ 3 300，salary = 2；3 300 -，salary = 1
		受教育程度	edu	博士，edu = 1；硕士，edu = 2；本科；edu = 3；大专，edu = 4；高中，edu = 5；初中，edu = 6；小学，edu = 7；文盲或半文盲，edu = 8
		职业性质	position	政府部门/党政机关/人民团体，position = 1；事业单位，position = 2；国有企业、私营企业/个体工商户、外商/港澳台商企，position = 3；其他类型企业、个人/家庭、民办非企业组织/协会/行会/基金会/村居委会、无法判断、其他，position = 4
		住房拥有情况	property	有，property = 1；无，property = 2
		住房贷款情况	loan	无，loan = 1；有，loan = 2

第三，控制变量参照现有成果及家庭实际情况选择适婚男青年所在家庭的收入水平、家庭消费水平、个人对住房问题严重程度的看法、个人对就业问题严重程度的看法、其他房产数量、地理位置、年份等，用以控制相关重要因素的影响和减少遗漏变量问题，凸显核心解释变量作用。

7.3.2 数据来源及处理

实证研究使用的家庭微观数据来源于"中国家庭追踪调查"数据库（CFPS），该调查 2010 年正式开始，此后又分别于 2012 年、2014 年、2016 年、2018 年开展了多次全样本的追踪调查。该调查的对象为中国（不含香港、澳门、台湾以及新疆维吾尔自治区、西藏自治区、青海省、内蒙古自治区、宁夏回族自治区、海南省）25 个省份的家庭户和样本家庭户中的所有家庭成员。CFPS 共有社区问卷、家庭成员问卷、家庭经济问卷、成人问卷和少儿问卷五种主体问卷类型。

根据研究问题，本章只涉及 CFPS 数据库中的家庭成员问卷、家庭经济问卷和成人问卷 3 部分的调研数据。由于 2012 年的调查问卷与之后几次调查在"住房面积"指标上口径不一致，因此只使用2014年、2016年和2018年共3期数据实证。本章关注的家庭住房消费行为主要指城市男青年所在家庭住房租买决策及面积类别选择，故实证研究的样本仅限于城市家庭。在此基础上，筛选出户主年龄18~40岁且为未婚男性，孩子年龄18~40岁且为未婚男性的两类样本，有效样本量为2 400个。其中，拥有自己住房的样本量为1 814个，租房样本量为586个。研究住房类别选择时，剔除租房样本以及住房面积数据缺失样本，剩余有效样本量为1 349个。其中，住房面积小于90平方米、90~140平方米，以及140平方米以上的样本量分别为376个、480个及493个。根据家庭的省份标签，可将每个样本家庭与所在省份建立关联。

实证研究涉及的人口性别结构指标，由于历年各省统计数据并未区分城镇与乡村，故使用家庭所在省份的总体性别比例、未婚性别比例两个指标，相关数据来自历年的《中国统计年鉴》。此外，地理位置虚拟变量及区位异质性讨论时，根据国家统计局区位划分方案将家庭分为东部、中部、西部和东北4个地区。其中，东部地区包括北京、天津、河北、上海、江苏、浙江、福建、山东、广东和海南10省（市）；中部地区包括山西、安徽、江西、河南、湖北和湖南6省；西部地区包括内蒙古、广西、重庆、四川、贵州、云南、西藏、陕西、甘肃、青海、宁夏和新疆12省（区、市）；东北地区包括辽宁、吉林和黑龙江3省。本章实证研究使用的软件是Stata 16以及SPSS 24。

7.3.3　实证模型构建

根据研究问题，构建如下两类实证模型。

1. 住房租购选择模型

$$\ln \frac{p}{1-p} = \beta_0 + \beta_1 MMCSI_{family} + \beta_2 \ln income + \beta_3 \ln consump + \beta_4 housep$$
$$+ \beta_5 employp + \beta_6 asset + \beta_7 locate_1 + \beta_8 locate_2$$
$$+ \beta_9 locate_3 + \beta_{10} year_2 + \beta_{11} year_3 + \varepsilon \qquad (7.1)$$

式（7.1）中，p 为购房概率，$1-p$ 为租房概率；β_0 是截矩项，β_1 表示男青年面临的婚配竞争压力对住房租购选择的影响，β_2，…，β_{11} 分别表示家庭收入、家庭消费、对住房问题的看法、对就业问题的看法、家庭其他房产数量、地理位置以及年份等控制变量对住房租购选择的影响；ε 是随机扰动项。

2. 住房面积类别选择模型（以购买小面积为参照组）

$$\ln \frac{p_2}{p_1} = \beta_0 + \beta_1 MMCSI_{family} + \beta_2 \ln income + \beta_3 \ln consump + \beta_4 housep$$
$$+ \beta_5 employp + \beta_6 asset + \beta_7 locate_1 + \beta_8 locate_2$$
$$+ \beta_9 locate_3 + \beta_{10} year_2 + \beta_{11} year_3 + \varepsilon \qquad (7.2)$$

$$\ln \frac{p_3}{p_1} = \beta_0 + \beta_1 MMCSI_{family} + \beta_2 \ln income + \beta_3 \ln consump + \beta_4 housep$$
$$+ \beta_5 employp + \beta_6 asset + \beta_7 locate_1 + \beta_8 locate_2$$
$$+ \beta_9 locate_3 + \beta_{10} year_2 + \beta_{11} year_3 + \varepsilon \qquad (7.3)$$

式中，p_1 表示购买小面积住房的概率，p_2 表示购买中面积住房的概率，p_3 表示购买大面积住房的概率；β_0 是截距项，β_1 表示男青年面临的婚配竞争压力对住房面积选择的影响，$\beta_2 \sim \beta_{11}$ 分别表示家庭收入、家庭消费、对住房问题的看法、对就业问题的看法、家庭其他房产数量、地理位置以及年份等控制变量对住房面积类别选择的影响；ε 是随机扰动项。

7.4 实证结果与分析

7.4.1 男青年的婚配竞争压力分布现状分析

将样本家庭按照东部、东北、中部、西部划分后，可得全国及 4 个地区的婚配竞争压力测度值均值（见表 7-3）。

表 7-3　　　　全国及各地区适婚男青年婚配竞争压力测度值

地区	婚配竞争压力平均值	标准差	中位数	变异系数
全国	53.756	16.553	54.545	0.308
东部	56.347	17.137	57.708	0.304

续表

地区	婚配竞争压力平均值	标准差	中位数	变异系数
东北	45.033	14.696	54.545	0.326
中部	50.360	14.722	51.779	0.292
西部	57.219	15.939	59.684	0.279

由表 7-3 可知：总体上看，男青年面临的婚配竞争压力水平存在区域差异。全国的婚配竞争压力均值为 53.756，东部、东北、中部和西部地区均值分别为 56.347、45.033、50.360 和 57.219。东北、中部地区婚配竞争压力均值低于全国平均水平，而东部、西部地区均值高于全国平均水平。通过变异系数可以将婚配竞争压力发展状况考虑进来，变异系数越低，说明该地区男青年的婚配竞争压力水平发展越均匀。其中，东部、东北、中部和西部地区的变异系数分别为 0.304、0.326、0.292 和 0.279。综合考虑平均分、中位数、变异系数来看，西部地区的婚配竞争压力测度值水平最高且在家庭间的分布较为均匀；而东北地区的婚配竞争压力值最小，该结论与第七次人口普查所显示东北三省人口性别比最低的情况相符，但该指标在家庭间的分布差异最大。

进一步地，将全国及 4 个地区的样本家庭按不同住房消费行为分类并计算婚配竞争压力均值，所得结果见表 7-4 及表 7-5。

表 7-4　　　不同租购决策下全国及各地区男青年婚配竞争压力水平

地区	住房租购		全国
	租房	购房	
全国	52.887	54.036	53.756
东部	55.037	56.985	56.347
东北	45.534	44.885	45.033
中部	49.907	50.444	50.360
西部	53.429	58.145	57.219

表 7 - 5   不同住房类别选择下全国及各地区男青年婚配竞争压力水平

地区	住房面积类别			全国
	小面积	中面积	大面积	
全国	48.188	54.815	56.701	53.648
东部	44.526	55.081	58.051	54.917
东北	44.888	49.560	53.832	46.310
中部	44.996	52.297	53.137	52.022
西部	52.095	58.466	60.007	58.123

由表 7 - 4 可知：一是总体上看适婚男青年及其家庭的住房租购选择与所面临的婚配竞争压力水平有一定的相关关系，即平均来看购房男青年面临的婚配竞争压力水平较高，而租房男青年面临的婚配竞争压力水平较低。二是从各地区来看，购房、租房两类适婚男青年所面临的婚配竞争压力水平都有差异，但是，东部、中部和西部均表现出婚配竞争压力水平越高，越倾向于选择购房的特点。

由表 7 - 5 可知：一是整体上看适婚男青年及其家庭的住房类别选择与其所面临的婚配竞争压力水平有正向关系，婚配竞争压力越大与选择越大的户型相对应。二是从各地区来看，选择不同面积住房的青年所面临的婚配竞争压力水平有差异，但是均表现出压力越大，越倾向于选择较大面积住房的特点。

7.4.2   住房租购选择的实证结果与分析

1. 基本回归分析

对样本家庭数据进行回归分析，得到结果见表 7 - 6。

表 7 - 6   家庭住房租购选择的 logit 回归结果

因变量：choice	系数
$MMCSI_{family}$	1.012 *** (0.003)

续表

因变量: choice	系数
ln*income*	1.287 *** (0.110)
ln*consump*	1.141 * (0.079)
housep	1.337 ** (0.166)
employp	0.957 (0.115)
asset	1.088 (0.098)
locate – 西部	2.246 *** (0.297)
locate – 中部	2.814 *** (0.392)
locate – 东北	1.848 *** (0.309)
year – 2016	0.600 *** (0.085)
year – 2018	0.380 *** (0.045)
常数项	0.025 *** (0.022)
观察值	2 400
正确预测比率	75.63%

注: * 表示系数的显著性水平, $p \leqslant 0.01$, *** ; $p \leqslant 0.05$, ** ; $p \leqslant 0.1$, * 。系数为相对比值 (Odds Ratio), 括号中为标准偏误。locate 变量以东部为参照, year 变量以 2014 年为参照, 下同。

由表 7 – 6 可知:

第一, 适婚男青年的婚配竞争压力对住房租购选择产生了显著的正向影响，即婚配竞争压力越大，家庭选择购房的概率越大。具体来看，婚配竞争压力值每增加 1 分，家庭购房和租房的概率比将增加 1.2%。男青年面临的婚配竞争压力越大，其个人及所在家庭越倾向于购房来展示自身实力，吸引高质量异性实现婚姻缔结并改进自身效用。该结论验证了假设 1 的正确性，反映出我国家庭住房租购决策具有"婚姻驱动"特征。

第二，家庭收入对住房租购选择产生了显著的正向影响。家庭收入每增加 1%，家庭购房和租房的概率比增加 28.7%。收入水平较低时，受限于住房支付能力家庭可能会选择租房替代购房以满足住房消费需求，同时保证必要的生活质量；而当收入水平提高时，家庭住房支付能力增强，在"居者有其屋"思想的影响下，其可能更愿意选择拥有属于自己的住房以改善居住现状和获得归属感。

第三，家庭消费水平对住房租购选择产生了显著的正向影响。家庭消费支出每增加 1%，家庭购房和租房的概率比增加 14.1%。家庭消费水平在一定程度上反映出家庭的经济实力和消费偏好，家庭消费水平越高，往往意味着家庭经济情况好、住房支付能力强，与低消费水平的家庭相比，其购房的可能性会更大。

第四，个人对住房问题严重程度的看法对住房租购选择的影响显著，表现为当男青年认为我国住房问题越严重，就越不会选择购房，体现出个人规避风险的心理和市场预期的重要作用。个人对就业问题严重程度的看法对住房租购选择的影响不显著。

第五，不同地区、不同年份家庭的购房可能性有差异。西部家庭的购房概率是东部家庭的 2.246 倍，中部家庭的购房概率是东部的 2.814 倍，东北家庭的购房概率是东部的 1.848 倍。中、西部家庭购房可能性更大这一结论，与刘婷婷和张典（2015）的分析结论一致。从时间来看，2016 年的购房概率是 2014 年的 0.6 倍，2018 年的购房概率是 2014 年的 0.38 倍，这反映出家庭购房的可能性随着时间推移而下降。这可能与近年来房价不断上涨导致男青年所在家庭购房能力下降有关，也可能与"租售并举""租售同权"政策推行下租赁市场快速发展有关。

2. 基于时空异质性讨论的稳健性检验

（1）地区分异讨论

由于我国地理范围广阔，不同地区经济、人口、习俗、偏好等差异明显，住房市场及婚姻市场也表现出明显的区域性特征，故下文将所有样本家庭划分至东部、东北、中部和西部分别考察，一方面可以对基本回归结论进行稳健性检验，另一方面也可以进行区域分异研究，结果如表7-7所示。

表7-7　　　　　　不同地区家庭的住房租购选择 logit 回归结果

因变量：choice	东部	东北	中部	西部
$MMSCI_{family}$	1.012 *** (0.004)	1.022 * (0.009)	1.023 *** (0.008)	1.030 *** (0.009)
控制变量	已控制			
常数项	0.006 *** (0.007)	1.128 (3.028)	0.053 (0.109)	0.019 * (0.035)
观察值	979	285	581	555
正确预测比率	68.13%	77.89%	84.51%	80.00%

由表7-7可知：

第一，4个地区中，青年的婚配竞争压力对家庭住房租购选择都具有显著的正向影响。婚配竞争压力值每增加1分，东部、东北、中部和西部购房和租房的几率比分别增加1.2%、2.2%、2.3%和3%；均表现出婚配压力越大，男青年所在家庭选择购房而非租房的可能性越大。该结论一方面再次验证了假设1的正确性，另一方面也反映出前述基本回归结果的稳健性。

第二，男青年的婚配竞争压力对家庭住房租购选择的影响存在区域性差异。婚配竞争压力对购房几率比的影响程度从大到小依次为西部、中部、东北和东部地区。对于西部地区，一方面由于经济发展水平较低，单身女性通过婚姻方式向经济发达地区流动的意愿更强；同时家庭"筑巢引凤""传宗接代"的传统观念根深蒂固；另一方面，住房租赁市场发展滞后，而房价又相对较低，因此，西部地区男青年为了实现婚姻缔结而选择购房的可能性最大。对于东部地区，经济发达，公共基础设施完善，教育资源丰富质优，单身女性通过婚姻方式流入的意愿更强；住房价格普遍偏高，"限购限贷"政策严格，普通家庭购房能力有限；加之住房租赁市场发达，租房家庭享有的公共商品和服务较为丰富，故该地区男青年在高房价压力之下对于租房结婚的接受程度较高。该结论部分验证了假设3的正确性。

（2）时间分异讨论

为了探讨男青年的婚配竞争压力对于家庭住房租购决策影响的时变特征，下面按年份分别进行回归，得到的 2014 年、2016 年和 2018 年回归结果（见表 7 - 8）。

表 7 - 8　　　　　　　不同年份的家庭住房租购 logit 回归结果

因变量：choice	2014 年	2016 年	2018 年
$MMCSI_{family}$	1.037 *** (0.007)	1.035 *** (0.009)	1.014 *** (0.004)
控制变量	已控制		
常数项	0.028 ** (0.046)	0.000 *** (0.000)	0.004 *** (0.005)
观察值	925	541	934
正确预测比率	83.35%	78.00%	68.95%

由表 7 - 8 可知：

第一，男青年的婚配竞争压力在不同年份对家庭购房和租房的几率比都产生了显著的正向影响。婚配竞争压力测度值每增加 1 分，2014 年、2016 年和 2018 年家庭的购房可能性分别增加 3.7%、3.5% 和 1.4%，均表现出婚配压力越大，男青年所在家庭选择购房而非租房的可能性越大。该结论不仅验证了假设 1 的正确性，而且也说明基本回归结果是稳健的。

第二，男青年的婚配竞争压力对家庭住房租购选择的影响程度在不同年份有差异。婚配竞争压力对购房几率比的影响从大到小依次为 2014 年、2016 年和 2018 年。这可能是由于房价持续性上涨，购房对于普通家庭变得愈加困难；而租赁市场日益发达，"租购同权"政策的推行也提升了家庭的租赁偏好；青年群体的思想观念更加开放，更加注重自身素质提升等原因导致，故婚配竞争压力对购房几率比的影响程度随时间出现下降趋势。该结论部分验证了假设 4 的正确性。

3. 基于工具变量法的稳健性检验

由于可能存在逆向因果关系和度量误差导致估计有偏，此处参照樊纲治和王宏扬（2015）的做法，根据青年所在家庭的省份标签，将家庭所在省份的未婚人口性别比例（*MMCSI*）作为适婚男青年所面临婚配竞争压力（*MMCSI_{family}*）的工具变量进行回归。该做法隐含的假设是某个男青年及其家庭的住房消费行为并不会影响所在地区的性别结构。工具变量回归结果如表 7 – 9 所示。

表 7 – 9　　　　　　　　　　工具变量回归结果

因变量：choice	系数
MMCSI	1. 926 ** （0. 538）
ln*income*	1. 201 ** （0. 100）
ln*consump*	1. 162 ** （0. 080）
housep	1. 397 *** （0. 172）
employp	0. 955 （0. 115）
asset	1. 061 （0. 096）
locate – 西部	2. 162 *** （0. 286）
locate – 中部	2. 725 *** （0. 379）
locate – 东北	1. 771 *** （0. 299）
year – 2016	0. 636 *** （0. 090）
year – 2018	0. 394 *** （0. 047）

续表

因变量：choice	系数
常数项	0.033 *** (0.029)
观察值	2 400
正确预测比率	75.79%

对比表7-6与表7-9可知：对于核心解释变量，其对家庭租房与购房的几率比仍具有显著影响，且方向保持不变仍为正向；对于家庭收入水平等诸多控制变量，对家庭租房与购房的几率比的影响在显著性和方向上基本一致。该结果既验证了假设1的正确性，也反映出实证结果的稳健可靠。

7.4.3 住房面积类别选择的实证结果与分析

1. 基本回归分析

在前述实证样本基础上，剔除租房家庭样本以及住房面积数据缺失样本作为新的样本数据，多元logit回归结果如表7-10所示。

表7-10　　　　家庭住房面积类别选择的MNL模型回归结果

变量	系数	
	面积在90~140平方米	面积在140平方米以上
$MMCSI_{family}$	1.023 *** (0.005)	1.031 *** (0.005)
lnincome	0.934 (0.118)	1.105 (0.143)
lnconsump	1.187 (0.128)	0.945 (0.103)
housep	1.779 *** (0.335)	1.59 ** (0.314)

续表

变量	系数	
	面积在 90 ~ 140 平方米	面积在 140 平方米以上
employp	0.755 (0.143)	0.712 * (0.140)
asset	1.051 (0.131)	0.778 * (0.107)
locate – 西部	1.863 *** (0.394)	1.810 *** (0.384)
locate – 中部	1.847 *** (0.380)	2.594 *** (0.526)
locate – 东北	0.226 *** (0.051)	0.060 *** (0.021)
year – 2016	1.187 (0.257)	1.308 (0.285)
year – 2018	1.254 (0.216)	1.107 (0.200)
观察值	1 349	

注：表中结果以面积在 90 平方米以下为参照组。

由表 7 – 10 可知：

第一，适婚男青年的婚配竞争压力对家庭住房面积选择具有显著的正向影响，即婚配竞争压力越大，家庭越倾向于购买较大面积的住房。具体来看，与购买 90 平方米以下小面积住房相比，婚配竞争压力值每提高 1 分，家庭购买中面积住房的概率增加 2.3%，而购买大面积住房的概率增加 3.1%。这主要是因为婚配竞争压力增加使得适婚男青年更加需要购买有品质的住房作为信号，以此来向异性传达自身实力实现婚配。该结论验证了假设 2 的正确性，也在一定程度上反映出我国家庭住房类别选择具有"婚姻驱动"特征。

第二，控制变量对家庭住房面积类别选择的影响各异。家庭收入水平、消费水平对家庭住房面积的选择没有显著影响。对住房问题的看法在小中面积模型和小大面积模型中对家庭住房面积选择都产生了显著影响，对就业问题的看法在小大面积模型中产生了显著影响，这都体现了个人预期对住房消费决策的影响。家庭其他房产数量在小大模型中的作用显著，即其他房产数量越多，家庭购买大面积的可能性下降，这可能与家庭购买大面积住房的必要性下降、支付能力不足或使用成本上升等原因有关。

第三，家庭住房面积选择的可能性与所在地区有关，与时间无关。从区位来看，西部、中部、东北家庭购买中面积住房的概率分别是东部家庭的1.863、1.847和0.226倍；西部、中部、东北家庭购买大面积住房的概率是东部家庭的1.810、2.594、0.06倍。即与东部家庭相比，西部和中部家庭购买大中面积住房的可能性更大，而东北家庭购买大中面积住房的可能性更小。

2. 基于时空异质性讨论的稳健性检验

（1）地区分异讨论

此处仍将所有样本家庭划分至东部、东北、中部和西部考察，回归结果如表7-11所示。

表7-11　　　　　　　　不同地区家庭住房面积类别选择差异

项目	变量	东部	东北	中部	西部
面积在90~140平方米	$MMCSI_{family}$	1.044 ***	1.096 ***	1.020 *	1.049 ***
	控制变量	已控制			
面积在140平方米以上	$MMCSI_{family}$	1.050 ***	1.114 ***	1.026 ***	1.052 ***
	控制变量	已控制			
观察值		471	191	369	318

注：表中结果以面积在90平方米以下为参照组。

由表7-11可知：

第一，4个地区中，适婚男青年的婚配竞争压力对家庭住房面积类别的选择都产生了显著的正向影响。以购买90平方米以下的小面积住房为参照，婚配竞争压力值每增加1分，东部、东北、中部和西部家庭购买中面积住房的概率分别增加4.4%、9.6%、2%和4.9%，而购买大面积住房的概率分别增加 5%、11.4%、2.6% 和 5.2%，均表现出婚配竞争压力越大，越倾向于购买面积更大住房的规律。该结论一方面再次验证了假设 2 的正确性，另一方面也反映出前述基本回归结果的稳健性。

第二，男青年的婚配竞争压力对家庭住房面积选择的影响存在地区差异。婚配竞争压力对家庭购买中等面积、大面积住房概率的影响从大到小均为东北、西部、东部、中部，而 4 个地区均表现出购买大面积比中面积的反应更为敏感的规律。该结论部分验证了假设 3，至此，假设 3 的正确性验证完毕。

（2）时间分异讨论

为了探讨男青年的婚配竞争压力对家庭住房类别选择作用的时变特征，下面按年份进行回归，得到 2014 年、2016 年和 2018 年的回归结果，见表 7 - 12。

表 7 - 12　　　　　　　　不同年份家庭住房面积类别选择差异

项目	变量	2014 年	2016 年	2018 年
面积在 90 ~ 140 平方米之间	$MMCSI_{family}$	1.033 ***	1.041 ***	1.038 ***
	控制变量	已控制		
面积在 140 平方米以上	$MMCSI_{family}$	1.040 ***	1.062 ***	1.041 ***
	控制变量	已控制		
观察值		656	254	439

注：表中结果以面积在 90 平方米以下为参照组。

由表 7 - 12 可知：

第一，男青年的婚配竞争压力在不同年份对家庭住房面积选择都产生了显著的正向影响。同购买 90 平方米以下小面积住房相比，婚配竞争压力值每增加 1 分，三个年份中购买中面积、大面积住房的可能性都会上升，都表现出婚配压力越大，男青年所在家庭越倾向于购买较大面积住房的特点。该结论再一次验证了假设 2 的正确性。

第二，男青年的婚配竞争压力对家庭住房面积选择的影响程度随时间而异。与购买小面积住房相比，婚配竞争压力值每增加 1 分，2014 年、2016 年和 2018 年购买中面积住房的概率分别增加 3.3%、4.1% 和 3.8%，而购买大面积住房的概率分别增加 4%、6.2% 和 4.1%，均表现出了影响程度先升后降的趋势。该结论部分验证了假设 4，至此，假设 4 的正确性验证完毕。

3. 基于工具变量法的稳健性检验

此处仍采用男青年所在省份的未婚人口性别比例（MMCSI）作为男青年婚配竞争压力（$MMCSI_{family}$）的工具变量，回归结果如表 7 - 13 所示。

表 7 - 13　　　　　　　　　工具变量回归结果

变量	系数	
	面积在 90 ~ 140 平方米	面积在 140 平方米以上
MMCSI	5. 746 *** (2. 584)	6. 579 *** (3. 017)
ln*income*	0. 881 (0. 110)	1. 012 (0. 130)
ln*consump*	1. 178 (0. 127)	0. 944 (0. 103)
housep	1. 774 *** (0. 332)	1. 569 ** (0. 306)
employp	0. 754 (0. 142)	0. 722 * (0. 140)
asset	1. 071 (0. 133)	0. 782 * (0. 107)
locate - 西部	1. 833 *** (0. 387)	1. 800 *** (0. 380)
locate - 中部	1. 958 *** (0. 409)	2. 700 *** (0553)
locate - 东北	0. 252 *** (0. 058)	0. 064 *** (0. 023)
year - 2016	1. 295 (0. 278)	1. 465 * (0. 315)
year - 2018	1. 262 (0. 219)	1 114 (0. 202)

注：表中结果以面积在 90 平方米以下为参照组。

对比表 7 - 13 和表 7 - 10 可知：适婚男青年的婚配竞争压力对家庭住房面积选择仍具有显著的正向影响；家庭收入水平等诸多控制变量，对家庭住房面积类别选择的影响在显著性和方向上基本保持一致。该结果既验证了假设 2 的正确性，也说明前述实证结果是稳健的。

7.5　本章主要结论与政策启示

婚配竞争驱使"婚房竞争""无房不嫁"等不良风气盛行，其负面影响众多，小至阻碍青年组建家庭，大至激化社会矛盾，无一不影响社会和谐稳定。本章基于该事实，以中国情景下的"婚"与"房"的本质联系为研究对象，利用"中国家庭追踪调查"（CFPS）数据构建家庭住房租购选择及类别选择两类模型，系统性地剖析适婚男青年的婚配竞争压力与家庭住房消费决策间的传导机理与具体联系。在此基础上，从时、空两个维度考察二者关系的变化规律。主要研究结论有：

第一，对婚配竞争压力测度值的统计分析表明，平均来看，西部、东部、中部、东北地区适婚男青年面临的婚配压力依次递减；4 个地区住房消费决策不同的男青年，其婚配竞争压力均值各不相同，但都表现出婚配竞争压力较大与"购房"和"选择较大户型"相对应的特点。

第二，适婚男青年的婚配竞争压力对家庭住房租购决策产生了显著的正向影响。婚配竞争压力值每增加 1 分，家庭购房和租房的几率比将增加1.2%，即婚配竞争压力越大，家庭选择购房的可能性越大，"婚姻驱动"特征明显。

第三，适婚男青年的婚配竞争压力对家庭住房类别选择产生了显著的正向影响。与购买小面积住房相比，婚配竞争压力值每增加 1 分，家庭购买中面积住房的概率增加 2.3%，而购买大面积住房的概率增加 3.1%。即男青年的婚配竞争压力越大，家庭越倾向于购买较大面积的住房。

第四，适婚男青年的婚配竞争压力对家庭住房消费决策的作用随时空而变。从地理区位来看，婚配竞争压力对购房和租房几率比的作用从大到小依次为西部、中部、东北和东部地区的家庭；婚配竞争压力对家庭购买中等面积、大面积住房概率的作用从大到小均为东北、西部、东部和中部家庭。从时间维度来看，婚配竞争压力对购房和租房几率比的影响从大到小依次为

2014 年、2016 年和 2018 年；婚配竞争压力值每提高 1 分，2014 年、2016 年和 2018 年购买中面积住房的概率分别增加 3.3%、4.1% 和 3.8%，而购买大面积住房的概率分别增加 4%、6.2% 和 4.1%，均表现出了影响程度先升后降的趋势。

适婚男青年面临的竞争压力驱使其个人及家庭增加住房消费数量、提升住房消费品质，最终演变成全社会的"婚房竞争"，这与国家"全面提升人口素质"以及鼓励生育的政策导向相违背。为此，提出以下建议。

第一，多途径缓解适婚青年婚配竞争压力，不能让青年"不能结婚"。从青年个人自致性特征看，家庭及社会应多方引导青年主动优化个人特征。要促进青年主动提升学识素养，提高身体素质，激发创新创业活力，通过自身努力成功吸引优质配偶。从家庭先赋性特征看，要牢记家庭是教育子女的第一课堂。虽然家庭背景、社会地位短期难以改变，但是良好的家庭教育无疑有助于青年形成正确的"三观"和优秀品格，这同样是青年竞争力的体现。从青年面临的人口宏观环境看，要着力解决适婚青年性别失配问题。不仅要鼓励生育，因为生育率上升有利于缓解性别失衡，更要建立完善的社会保障和医疗服务体系，特别是完善农村养老体系，消除人们对女儿出嫁后的担忧，扭转人们"养儿防老""重男轻女"的腐朽观念，进而实现人口均衡发展。

第二，多维度引导适婚青年及其家庭的住房消费行为，不能令家庭"因婚致贫"。从改变过度追求婚房条件的价值取向来看，要引导青年群体建立科学的择偶标准及婚恋观念。"住房"虽具有传递财富信号的作用，但其反映青年品质素质信息的功能较弱。男女在进行匹配时，不应仅关注住房这个"虚壳"，更要综合考察对方的自致性特征，防止"三观不合"的不幸婚姻。从培养租房结婚的归属感来看，要加快完善多主体供给、多渠道保障、租购并举的住房制度。从子女教育、医疗保障、就业扶持、养老服务、社会福利等方面，不断扩大承租人的权利范围，为承租人增加赋权，使其与购房人享有同等的社会公共服务获取机会，提高青年租房结婚的意愿和归属感，逐步扭转"买房结婚""婚房竞争"的社会风气。

第三，不同地区要因时、因地实施差异、精准的住房调控政策和人口管理政策。研究结论显示，不同地区青年的婚配压力均值不同，其对家庭住房租购及面积类别选择的影响也随时间和区位而变。究其原因，主要是不同时间和区位青年及其家庭面临的经济环境、文化环境、社会风俗、人口结构等各不相同。基于此，政府管理部门在人口政策制定和住房调控出台等方面都要审时度势、因地制宜，既要使人口长期趋于结构合理，又要令房价与当地经济社会相匹配，在实施租购赋权时，要在不同地区施加不同力度，以促进我国租赁市场全面健康稳定的发展。

第 8 章

结论与展望

8.1 主要研究结论

本书以信号理论、房地产经济学、婚姻匹配理论、行为经济学、人口经济学等理论为指导，综合运用比较研究法、信号博弈分析法、贝尔曼方程分析法、计量经济模型法、探索性空间数据分析等方法，多层次、多视角地探讨了婚配竞争对住房市场的作用问题，研究工作对于完善促进房地产市场平稳健康发展的长效机制提供了理论依据和经验证据，并为"婚"与"房"的和谐共进、实现家庭幸福"安居梦"等提供新的洞察。全书的主要工作和研究结论如下。

1. 婚配竞争对住房市场的作用路径和作用形态研究

采用世代交叠分析框架以及动态最优化方法构建了揭示婚配竞争与住房价格关系的理论模型；在此基础上，以中国 286 个地级市为研究对象，采用有调节的中介效应检验方法，剖析了婚配竞争对住房价格的传导机制，明确了家庭财富代际转移、父母利他行为能力所起的作用；最后，从空间区位、城市规模两个角度入手，探讨了婚配竞争影响住房价格的异质性。主要研究结论有。

第一，根据所建理论模型，婚配竞争能够影响代表性家庭的消费组合决策，进而对住房价格产生影响，且该过程中家庭财富代际转移、父母利他行为能力会起到重要作用。

第二，婚配竞争对住房价格的传导机制复杂。实证分析显示：婚配竞争对住房价格有显著的正向影响，婚配竞争的加剧会推动房价上涨。在这一过程中，家庭财富代际转移起了部分中介作用。进一步地，父母利他行为能力负向调节了家庭财富代际转移中介效应的前半路径，即婚配竞争对财富代际转移数量的正向影响会随父母利他行为能力的增强而下降；而父母利他行为能力正向调节了家庭财富代际转移中介效应的后半路径，即父母利他行为能力越强，家庭财富代际转移对房价的正向作用越大。

第三，婚配竞争对住房价格的作用呈现异质性特征。按地理区位将286个城市划分到东、中、西、东北4类，发现中部地区和东北地区城市婚配竞争程度的加深对住房价格产生了显著的刺激作用，而东部和西部地区城市对房价的影响不显著。从城市规模看，中等城市、大城市和特大城市中婚配竞争对住房价格产生了显著的正向影响，且作用力度随规模扩大而呈递减趋势，而小城市和超大城市中婚配竞争对房价的影响则不显著。

2. 婚配竞争对住房市场的空间影响研究

在经典信号理论模型基础上构建了信息不对称条件下双重对照的婚姻匹配模型，揭示了婚配竞争与住房价格的内在关联。在此基础上，以中国286个地级市为研究对象，采用空间杜宾模型，验证了婚配竞争对本地住房价格的作用及对周边城市的外溢效应，厘清了婚配竞争与住房价格的复杂影响机制。最后，从空间区位和时间演化两个角度出发，将样本数据分别划分至4类区域和3个时间段，探讨了二者关系在时空维度上的异质性。主要结论有。

第一，根据构建的动静态对照的婚姻匹配理论模型，无论男女比例相同或失衡，在有住房信号的婚姻市场中女性的婚姻预期效用均会得以改善；而男性为了寻找到优质配偶不得不购买住房提升婚配竞争力并发出信号进行展示。婚姻市场上适婚人群的行为决策无形中推动了家庭住房消费数量与质量的提升，进而对住房价格产生影响，理论推演结论与高房价现实相互吻合。

第二，婚配竞争对住房价格的影响具有空间溢出性。第一，探索性空间分析表明，房价与婚配竞争均具有正空间相关性，存在高—高、高—低、低—高、低—低4种空间集聚关系，且以同质集聚为主。第二，实证分析表明，婚配竞争对住房价格具有显著的正向总效应。第三，婚配竞争与住房价格存在空间互动。婚姻市场本身的流动性与竞争性是住房价格发生波动的重要诱因，婚配竞争加剧不仅会对本地住房价格产生直接推动作用，还会促进邻近城市房价上涨。婚配竞争加剧导致的购房刚需和地位性需求与投资获利引致的投机需求交织是我国房价高涨的重要原因。

第三，婚配竞争对住房价格的影响在时、空维度上均表现出异质性。根据地理区位将 286 个地级市划分为东、中、西和东北 4 类，结果显示东、中和东北地区婚配竞争对房价的直接效应显著为正，而西部地区婚配竞争程度对房价的直接效应不显著。东、中地区的婚配竞争程度对房价的间接效应显著为正，而西部和东北地区婚配竞争对房价的间接效应不显著。从时间演化特征看，2005~2009 年，婚配竞争影响房价的直接效应、间接效应和总效应均显著为正；2010~2014 年，婚配竞争对房价的间接效应和总效应显著为正，但直接效应不显著；2015~2017 年，婚配竞争对房价的间接效应和总效应显著为正，但直接效应不显著。根据总效应的系数大小，2005~2017年我国婚配竞争程度对房价的影响强度呈倒 U 形，即为先上升后下降。

3. 婚姻挤压对住房价格的影响研究

该部分在理论分析基础上，对我国婚姻挤压和住房价格之间的非线性作用以及空间溢出效应进行了解释与分析。主要研究结论有。

第一，面板分位数回归结果显示，除最低分位点外，各个分位点下婚姻挤压对住房价格均产生了显著的正向影响，但这种影响并非均匀分布。相比于低房价城市，高房价城市中婚姻挤压对房价的刺激作用更大，体现了二者关系的空间异质性。

第二，探索性空间数据分析结果显示，我国城市的住房价格和婚姻挤压均存在正向的空间相关性，前者莫兰指数呈现先升后降的倒 U 形趋势，后者则呈"波浪"形特点。样本期内绝大多数城市两个指标均呈"高高"或"低低"集聚模式，局部空间格局变化不大。

第三，SDM 估计结果显示，婚姻挤压对住房价格的作用具有空间溢出性。婚姻挤压所带来的婚房需求增加对本地住房价格产生了刺激作用，同时也会因适婚人口、资金等要素流动对邻近城市房价产生推动作用。

4. 婚配竞争压力对居民家庭住房消费的影响研究

利用"中国家庭追踪调查"（CFPS）数据构建家庭住房租购选择及类别选择两类模型，系统性地剖析适婚男青年的婚配竞争压力与家庭住房消费决策间的传导机理与具体联系。在此基础上，从时、空两个维度考察二者关系的变化规律。主要结论有：

第一，对婚配竞争压力测度值的统计分析表明，平均来看，西部、东部、中部、东北地区适婚男青年面临的婚配压力依次递减；4 个地区住房消费决策不同的男青年，其婚配竞争压力均值各不相同，但都表现出婚配竞争压力较大与"购房"和"选择较大户型"相对应的特点。

第二，适婚男青年的婚配竞争压力对家庭住房租购决策产生了显著的正向影响。婚配竞争压力值每增加 1 分，家庭购房和租房的几率比将增加 1.2%，即婚配竞争压力越大，家庭选择购房的可能性越大，"婚姻驱动"特征明显。

第三，适婚男青年的婚配竞争压力对家庭住房类别选择产生了显著的正向影响。与购买小面积住房相比，婚配竞争压力值每增加 1 分，家庭购买中面积住房的概率增加 2.3%，而购买大面积住房的概率增加 3.1%。即男青年的婚配竞争压力越大，家庭越倾向于购买较大面积的住房。

第四，适婚男青年的婚配竞争压力对家庭住房消费决策的作用随时空而变。从地理区位来看，婚配竞争压力对购房和租房几率比的作用从大到小依次为西部、中部、东北和东部地区的家庭；婚配竞争压力对家庭购买中等面积、大面积住房概率的作用从大到小均为东北、西部、东部和中部家庭。从时间维度来看，婚配竞争压力对购房和租房几率比的影响从大到小依次为 2014 年、2016 年和 2018 年；婚配竞争压力值每提高 1 分，2014 年、2016 年和 2018 年购买中面积住房的概率分别增加 3.3%、4.1% 和 3.8%，而购买大面积住房的概率分别增加 4%、6.2% 和 4.1%，均表现出了影响程度先升后降的趋势。

8.2　研究展望

住房市场与婚姻市场之间有着千丝万缕的联系，对二者的关系进行研究意义重大。本书通过探析婚配竞争与住房市场的内在关联，揭示了婚配竞争对住房市场的作用路径、作用形态及时空分异规律，为行业管理者、房地产企业和居民家庭提供了决策参考，进而有利于婚姻市场和住房市场的和谐稳定发展。但是，由于婚姻市场和住房市场都是复杂的随机系统，在发展中不断表现出新的特点，仍有一些问题需要深入探索和完善。第一，结合调研、访谈等微观数据细化研究结果。本书大部分章节从宏观角度出发，分析婚配竞争对城市住房市场的作用。在未来的研究中，除了第 7 章使用的 CFPS 数据库，还会尝试搜集和利用更多实地调研和访谈微观数据，结合家庭经济、家庭人口等特征，捕捉不同类型婚适青年的个体差异，从微观角度来进行更细致的分析。第二，探究基于大数据等新兴技术的婚配竞争测度方法。婚配竞争形成因素复杂，未来可从适婚人群结构、适婚人群软实力和硬实力等不同角度构建反映婚配竞争现状的变量或指标，并结合大数据等新兴技术探索更先进的测度方法，提升婚配竞争测度的科学性。

参 考 文 献

[1] 蔡宏波，韩金镕，苏丽锋. 门当户对与住房租购选择——基于中国家庭金融调查数据的实证分析 [J]. 经济理论与经济管理，2019（3）：105 – 112.

[2] 陈灿煌. 房价上涨与城市居民收入差距的关系 [J]. 统计与决策，2007（22）：87 – 89.

[3] 陈诗一，王祥. 融资成本、房地产价格波动与货币政策传导 [J]. 金融研究，2016（3）：1 – 14.

[4] 陈欣彦，王培龙，董纪昌，李秀婷，董志. 房价收入比对居民租购选择的影响研究 [J]. 管理评论，2020（11）：66 – 80.

[5] 陈友华，米勒·乌尔里希. 中国婚姻挤压研究与前景展望 [J]. 人口研究，2002（3）：56 – 63.

[6] 丁士军. 关于家庭财富代际转移动机的几种假说 [J]. 江汉论坛，1999（5）：65 – 68.

[7] 董纪昌，刘晓亭，季康先，董志，李秀婷. 户主年龄、住房支付能力与家庭租购选择——基于CFPS的微观证据 [J]. 系统工程理论与实践，2021（8）：1961 – 1973.

[8] 董纪昌，曾欣，牟新娣，等. 为清洁空气买单？空气质量对我国房地产价格的影响研究 [J]. 系统工程理论与实践，2020，40（6）：1613 – 1626.

[9] 董金权，姚成. 择偶标准：二十五年的嬗变（1986~2010）——对6612则征婚广告的内容分析 [J]. 中国青年研究，2011（2）：73 – 78.

[10] 豆建民，陶志鹏，汪维. 城市紧凑度对空气污染的影响机制 [J].

经济管理, 2020, 42 (9): 5 - 26.

[11] 段成荣, 张斐, 卢雪和. 中国女性流动人口状况研究 [J]. 妇女研究论丛, 2009 (4): 11 - 18, 27.

[12] 樊纲治, 王宏扬. 家庭人口结构与家庭商业人身保险需求——基于中国家庭金融调查 (CHFS) 数据的实证研究 [J]. 金融研究, 2015 (7): 170 - 189.

[13] 范新英, 张所地. 城市创新效率测度及其对房价分化影响的实证研究 [J]. 数理统计与管理, 2018, 37 (1): 135 - 145.

[14] 方丽, 田传浩. 筑好巢才能引好凤: 农村住房投资与婚姻缔结 [J]. 经济学 (季刊), 2016, 15 (2): 571 - 596.

[15] 高颖, 张秀兰. 北京市近年婚配状况的特征及分析 [J]. 中国人口科学, 2011 (6): 60 - 71, 112.

[16] 顾和军, 周小跃, 张晨怡. "全面二孩"、人口年龄结构变动对住房消费的影响 [J]. 中国人口·资源与环境, 2017, 27 (11): 31 - 38.

[17] 郭金金, 夏同水. 租购并举制度下中低收入群体住房租购选择的影响因素研究 [J]. 财经理论与实践, 2020 (2): 84 - 91.

[18] 郭显超. 中国婚姻挤压的未来形势预测——基于初婚表的分析 [J]. 人口学刊, 2021, 43 (3): 14 - 25.

[19] 郭显超. 中国婚姻挤压研究的回顾与评述 [J]. 西北人口, 2008 (1): 72 - 76.

[20] 郭显光. 改进的熵值法及其在经济效益评价中的应用 [J]. 系统工程理论与实践, 1998 (12): 99 - 103.

[21] 郭志刚, 邓国胜. 中国婚姻拥挤研究 [J]. 市场与人口分析, 2000 (3): 2 - 18.

[22] 郭志刚, 许琪. 独生属性与婚姻匹配研究——对"随机婚配"假定的检验 [J]. 中国人口科学, 2014 (6): 26 - 35, 126 - 127.

[23] 果臻, 李树茁, Marcus W. Feldman. 中国男性婚姻挤压模式研究 [J]. 中国人口科学, 2016 (3): 69 - 80, 127.

[24] 韩鑫韬, 刘星. 汇率变化对房价波动存在溢出效应吗?——来自1997—2015 年中国房地产市场的证据 [J]. 中国管理科学, 2017, 25 (4): 7 - 17.

[25] 何林浩. 补偿性购房动机: 持续改善的高等教育性别比与房价上

涨[J]. 财经研究, 2019, 45（1）: 122 - 134.

[26] 洪彩妮. 房价波动影响结婚决策的研究[J]. 当代青年研究, 2012（2）: 17 - 23.

[27] 胡建国, 李伟. 90后: 结婚必须有房吗——基于中国大学生追踪调查的研究[J]. 中国青年研究, 2019（6）: 67 - 72.

[28] 胡若痴, 吴佳, 武靖州. 父辈资本对房产代际转移的影响——基于CGSS2015调查数据的分析[J]. 南开学报（哲学社会科学版）, 2019（3）: 175 - 186.

[29] 华昱. 预期冲击、房地产部门波动与货币政策[J]. 当代经济科学, 2018, 40（2）: 48 - 56, 126.

[30] 黄雄, 白程赫, 张杰, 周京奎. 中国城市家庭住房消费偏好及趋势研究[J]. 调研世界, 2018（5）: 51 - 57.

[31] 黄忠华, 吴次芳, 杜雪君. 中国房价、利率与宏观经济互动实证研究[J]. 中国土地科学, 2008（7）: 38 - 44.

[32] 江求川. 婚姻中的教育匹配对中国收入差距的影响[J]. 中南财经政法大学学报, 2018（2）: 32 - 42.

[33] 姜全保, 李晓敏, Feldman M W. 中国婚姻挤压问题研究[J]. 中国人口科学, 2013（5）: 60 - 67, 127.

[34] 靳小怡, 李树茁, 朱楚珠. 农村不同婚姻形式下家庭财富代际转移模式的初步分析[J]. 人口与经济, 2002（1）: 18 - 24, 65.

[35] 鞠方, 雷雨亮, 周建军. 房价波动、收入水平对住房消费的影响——基于SYS - GMM估计方法的区域差异分析[J]. 管理科学学报, 2017（2）: 32 - 42.

[36] 鞠方, 雷雨亮, 周建军. 经济开放度、房地产价格及其空间溢出[J]. 中国软科学, 2016（10）: 147 - 158.

[37] 康传坤, 文强, 楚天舒. 房子还是儿子? ——房价与出生性别比[J]. 经济学（季刊）, 2020, 19（3）: 913 - 934.

[38] 况伟大, 王湘君, 葛玉好. 老龄化、遗产动机与房价[J]. 中国软科学, 2018（12）: 44 - 55.

[39] 兰峰, 吴迪. 人口流动与住房价格波动——基于我国35个大中城市的实证研究[J]. 华东经济管理, 2018, 32（5）: 97 - 106.

[40] 雷晓燕, 许文健, 赵耀辉. 高攀的婚姻更令人满意吗? 婚姻匹配

模式及其长远影响 [J]. 经济学（季刊），2015，14（1）：31-50.

[41] 李斌，郭明杰，张所地，赵华平. 家庭财富代际转移视角下的婚配竞争与住房市场——来自中国286个地级市的经验证据 [J]. 数理统计与管理，2021，40（6）：987-1005.

[42] 李斌，蒋娟娟，张所地. 丈母娘经济：婚姻匹配竞争对住房市场的非线性冲击 [J]. 现代财经（天津财经大学学报），2018，38（12）：72-81.

[43] 李斌，任津汝，张所地. 婚配竞争压力对家庭住房消费行为的驱动研究——对"婚房竞争"现象的透视 [J]. 消费经济，2022，38（1）：83-96.

[44] 李超，倪鹏飞，万海远. 中国住房需求持续高涨之谜：基于人口结构视角 [J]. 经济研究，2015，50（5）：118-133.

[45] 李家兴. 家庭背景、职业流动与婚姻匹配 [J]. 社会发展研究，2020（1）：161-245.

[46] 李建新，王小龙. 初婚年龄、婚龄匹配与婚姻稳定——基于CFPS 2010年调查数据 [J]. 社会科学，2014（3）：80-88.

[47] 李静，潘丽群，踪家峰. "门当户对"加剧收入不平等吗 [J]. 统计研究，2015，32（11）：65-71.

[48] 李拾娣，刘启明. 农村婚姻消费中家庭财富的代际转移机制与影响研究——以S村为例 [J]. 理论观察，2015（5）：92-94.

[49] 李树茁，姜全保，伊莎贝尔·阿塔尼，费尔德曼. 中国的男孩偏好和婚姻挤压——初婚与再婚市场的综合分析 [J]. 人口与经济，2006（4）：1-8.

[50] 李树茁. 性别失衡、男性婚姻挤压与婚姻策略 [J]. 探索与争鸣，2013（5）：22-23.

[51] 李言，毛丰付. 房产税能够抑制房价波动吗 [J]. 财经科学，2017（8）：53-66.

[52] 李银河. 当代中国人的择偶标准 [J]. 中国社会科学，1989（4）：61-74.

[53] 李雨潼，黄蕾. 基于出生队列的中国人口性别结构特征分析 [J]. 人口学刊，2017，39（4）：30-39.

[54] 李煜，陆新超. 择偶配对的同质性与变迁——自致性与先赋性的

匹配 [J]. 青年研究, 2008 (6): 27 - 33.

[55] 李煜. 婚姻匹配的变迁: 社会开放性的视角 [J]. 社会学研究, 2011, 26 (4): 122 - 136, 244 - 245.

[56] 李仲飞, 于守金, 郑军. 房地产属性、收入差距与房价变动趋势 [J]. 财经研究, 2016, 42 (7): 122 - 133.

[57] 李仲飞, 郑军, 黄宇元. 有限理性、异质预期与房价内生演化机制 [J]. 经济学 (季刊), 2015, 14 (2): 453 - 482.

[58] 廉思, 赵金艳. 结婚是否一定要买房? ——青年住房对婚姻的影响研究 [J]. 中国青年研究, 2017 (7): 61 - 67.

[59] 梁颖, 张志红, 高文力, 阚唯. 近 40 年我国 18 ~ 59 岁初婚夫妇婚姻匹配变动的城乡差异性分析 [J]. 人口学刊, 2018, 40 (2): 60 - 71.

[60] 林蒙丹, 林晓珊. 结婚买房: 个体化视角下的城市青年婚姻与住房消费 [J]. 中国青年研究, 2020 (8): 28 - 35.

[61] 零点调查与指标数据. 80 后夹心层患 "婚房焦虑症" [J]. 市场研究, 2013 (1): 15 - 16.

[62] 刘广平, 陈立文, 陈晨, 李丹妮. 城镇化、城乡收入差距与房价研究——一个调节效应模型的实证分析 [J]. 软科学, 2016, 30 (6): 39 - 42.

[63] 刘洪波. 房价翻动了城市青年的婚恋奶酪 [J]. 中国青年研究, 2008 (4): 8 - 10.

[64] 刘鹏, 张运峰. 生育率、利他行为与房价上涨 [J]. 广东财经大学学报, 2018, 33 (2): 32 - 41.

[65] 刘婷婷, 张典. 消费需求、投资需求与家庭住房消费决策——基于微观调查数据的分析 [J]. 消费经济, 2015 (1): 3 - 9.

[66] 刘修岩, 李松林. 房价、迁移摩擦与中国城市的规模分布——理论模型与结构式估计 [J]. 经济研究, 2017, 52 (7): 65 - 78.

[67] 刘学良, 吴璟, 邓永恒. 人口冲击、婚姻和住房市场 [J]. 南开经济研究, 2016 (1): 58 - 76.

[68] 刘岩. 私人代际转移动机研究——基于 CHARLS 的实证分析 [J]. 经济理论与经济管理, 2015 (10): 56 - 66.

[69] 刘怡, 李智慧, 耿志祥. 婚姻匹配、代际流动与家庭模式的个税改革 [J]. 管理世界, 2017 (9): 60 - 72.

[70] 刘中一. 性别失衡地区的婚姻生态：内卷与自洽 [J]. 学术交流, 2021 (5)：128 – 140.

[71] 逯进, 刘璐. 性别失衡对房价的影响——来自中国城市的证据 [J]. 人口学刊, 2020, 42 (2)：5 – 16.

[72] 马磊. 同类婚还是异质婚？——当前中国婚姻匹配模式的分析 [J]. 人口与发展, 2015, 21 (3)：29 – 36.

[73] 潘丽群, 李静, 踪家峰. 教育同质性婚配与家庭收入不平等 [J]. 中国工业经济, 2015 (8)：35 – 49.

[74] 彭志胜, 马江峰, 陈安宁. 城镇居民住房租购行为影响因素研究 [J]. 安徽建筑大学学报, 2020 (2)：93 – 99.

[75] 齐亚强, 牛建林. 新中国成立以来我国婚姻匹配模式的变迁 [J]. 社会学研究, 2012, 27 (1)：106 – 129.

[76] 任超群, 顾杰, 张娟锋, 等. 土地出让价格信号引起的房价变化时空扩散效应 [J]. 地理研究, 2013, 32 (6)：1121 – 1131.

[77] 任英华, 游万海. 一种新的空间权重矩阵选择方法 [J]. 统计研究, 2012, 29 (6)：99 – 105.

[78] 阮敬, 刘雅楠. 家庭财富是否有助于实现可持续共享？ [J]. 数理统计与管理, 2019, 38 (5)：799 – 811.

[79] 尚会鹏. 中原地区村落社会中青年择偶观及其变化——以西村为例 [J]. 青年研究, 1997 (9)：1 – 7.

[80] 沈悦, 安磊. 地区差异、房地产价格与城乡收入差距——基于中国地市级面板数据的经验研究 [J]. 现代财经（天津财经大学学报）, 2017, 37 (8)：46 – 58.

[81] 石磊. 社会阶层、代际流动与婚姻匹配 [J]. 中央民族大学学报, 2020 (60)：74 – 81.

[82] 苏志. 公众预期与房地产市场的短期相关性——基于微博信息的实证研究 [J]. 经济与管理研究, 2016, 37 (3)：69 – 76.

[83] 苏宗敏. 中国转型期家庭代际转移的动机研究——基于 CHARLS 数据的实证分析 [J]. 统计与信息论坛, 2019, 34 (8)：75 – 83.

[84] 孙伟增, 郑思齐. 居民对房价的预期如何影响房价变动 [J]. 统计研究, 2016, 33 (5)：51 – 59.

[85] 汤韵, 梁若冰. 限购为何无法控制房价——来自婚姻市场的解释

[J]. 经济学动态, 2016 (11): 45 - 56.

[86] 田青, 郭汝元, 高铁梅. 中国家庭代际财富转移的现状与影响因素——基于 CHARLS 数据的实证研究 [J]. 吉林大学社会科学学报, 2016, 56 (4): 16 - 27, 188.

[87] 王兵, 刘利鸽. 教育 "梯度匹配" 的夫妻更幸福吗?——基于 CFPS2010 数据 5331 个在婚女性的考察 [J]. 深圳大学学报 (人文社会科学版), 2018, 35 (3): 123 - 131.

[88] 王兵, 杨宝. 城乡混合婚姻对女性主观幸福感的影响 [J]. 人口与经济, 2018 (1): 116 - 126.

[89] 王春萍, 梁慧芝. 中国住房代际转移伦理分析与政策取向 [J]. 求索, 2011 (1): 105 - 107.

[90] 王丰龙, 何深静. 中国劳动力婚姻匹配与婚姻迁移的空间模式研究 [J]. 中国人口科学, 2014 (3): 88 - 94, 127 - 128.

[91] 王劲松. 收入代际转移动机理论述评 [J]. 经济学动态, 2002 (2): 76 - 80.

[92] 王临风, 余玲铮, 金钊. 性别失衡、婚姻挤压与个体劳动参与 [J]. 劳动经济研究, 2018, 6 (3): 75 - 96.

[93] 王频, 侯成琪. 预期冲击、房价波动与经济波动 [J]. 经济研究, 2017, 52 (4): 48 - 63.

[94] 王先柱, 杨义武. 差异化预期、政策调控与房价波动——基于中国 35 个大中城市的实证研究 [J]. 财经研究, 2015, 41 (12): 51 - 61.

[95] 王晓璐. 当代青年择偶模式的变迁与发展趋势——基于择偶拥挤视角的分析 [J]. 哈尔滨工业大学学报 (社会科学版), 2020, 22 (4): 95 - 99.

[96] 王栩淳, 钟笑寒. 从婚姻匹配看户口的价值——来自 CFPS 的证据 [J]. 经济学报, 2018 (1): 150 - 186.

[97] 魏玮, 陈杰. 加杠杆是否一定会成为房价上涨的助推器?——来自省际面板门槛模型的证据 [J]. 金融研究, 2017 (12): 48 - 63.

[98] 魏下海, 万江滔. 人口性别结构与家庭资产选择: 性别失衡的视角 [J]. 经济评论, 2020 (5): 152 - 164.

[99] 温忠麟, 叶宝娟. 中介效应分析: 方法和模型发展 [J]. 心理科学进展, 2014, 22 (5): 731 - 745.

[100] 温忠麟，张雷，侯杰泰．有中介的调节变量和有调节的中介变量 [J]．心理学报，2006 (3)：448 – 452.

[101] 吴昌南，王进．中国人口性别结构失衡、婚姻挤压与房价 [J]．当代财经，2021 (5)：17 – 27.

[102] 吴义东，王先柱．青年群体住房租买选择及其购房压力研究 [J]．调研世界，2018 (4)：13 – 21.

[103] 肖卫国，兰晓梅．人民币汇率预期对我国房地产价格影响的非线性机制研究——基于 STR 模型的分析 [J]．软科学，2017, 31 (12)：129 – 133.

[104] 肖小平．婚房大势——深圳婚房置业调查 [J]．中国地产市场，2013 (8)：40 – 41.

[105] 邢春冰，聂海峰．城里小伙儿遇到农村姑娘：婴儿户口、户籍改革与跨户籍通婚 [J]．世界经济文汇，2010 (4)：1 – 18.

[106] 徐建炜，徐奇渊，何帆．房价上涨背后的人口结构因素：国际经验与中国证据 [J]．世界经济，2012, 35 (1)：24 – 42.

[107] 徐荣，郭娜，李金鑫，等．我国房地产价格波动对系统性金融风险影响的动态机制研究——基于有向无环图的分析 [J]．南方经济，2017 (11)：1 – 17.

[108] 许永洪，吴林颖．中国各地区人口特征和房价波动的动态关系 [J]．统计研究，2019 (1)：28 – 38.

[109] 严金海．土地供给管制与城市住房用地供给错配——基于 2009—2015 年中国城市面板数据的分析 [J]．中国土地科学，2018, 32 (6)：15 – 22.

[110] 颜色，朱国钟．“房奴效应”还是“财富效应”？——房价上涨对国民消费影响的一个理论分析 [J]．管理世界，2013 (3)：34 – 47.

[111] 杨菊华，杜声红．“干得好不如嫁得好”的理论思考 [J]．人文杂志，2017 (10)：110 – 121.

[112] 杨柳，李力，吴婷．预期冲击与中国房地产市场波动异象 [J]．经济学（季刊），2017, 16 (1)：321 – 348.

[113] 杨巧，杨扬长．租房还是买房——什么影响了流动人口住房选择？[J]．人口与经济，2018 (6)：101 – 111.

[114] 仰和芝．农村打工女跨地区婚姻模式出现的成因及影响分析

[J]. 农业考古, 2006 (6): 328 – 331.

[115] 叶剑平, 李嘉. "住房 – 土地 – 财税 – 金融"四位一体房地产调控长效机制构建研究——基于 DSII 政策分析框架和 ITS 模型 [J]. 中国软科学, 2018 (12): 67 – 86.

[116] 叶妍, 叶文振. 流动人口的择偶模式及其影响因素——以厦门市流动人口为例 [J]. 人口学刊, 2005 (3): 46 – 52.

[117] 易松国. 从择偶坡度分析城市女性的婚姻挤压——以深圳市为例 [J]. 湖南师范大学社会科学学报, 2008 (3): 77 – 81.

[118] 于维洋, 周薇. 中国房地产价格与婚姻稳定性关系研究 [J]. 统计与决策, 2015 (22): 83 – 86.

[119] 于潇, 祝颖润, 梅丽. 中国男性婚姻挤压趋势研究 [J]. 中国人口科学, 2018 (2): 78 – 88, 127 – 128.

[120] 余华义, 黄燕芬. 货币政策影响下收入和房价的跨区域联动 [J]. 中国软科学, 2015 (10): 85 – 100.

[121] 余亮亮, 蔡银莺. 土地供给结构、财政压力与房价——来自广东省的经验分析 [J]. 中国土地科学, 2018, 32 (8): 30 – 36.

[122] 余泳泽, 张少辉. 城市房价、限购政策与技术创新 [J]. 中国工业经济, 2017 (6): 98 – 116.

[123] 喻燕, 吴泓庚, 关孝灌. 适婚青年"租房结婚"意愿及影响因素研究 [J]. 中国房地产, 2020 (9): 37 – 42.

[124] 袁晨, 陈雪莉. 经济基本面、城镇人口改变与中国住房价格 [J]. 中国人口·资源与环境, 2016, 26 (S1): 365 – 368.

[125] 袁微, 黄蓉. 性别比例失衡对消费的影响——基于婚姻匹配竞争和家庭代际关系视角的分析 [J]. 山西财经大学学报, 2018, 40 (2): 15 – 27.

[126] 袁晓燕. 众里寻他!? ——一个基于婚姻匹配理论的综述 [J]. 南方经济, 2017 (2): 87 – 101.

[127] 张安全, 张立斌, 郭丽丽. 性别比例失衡对房价的影响及其门槛特征 [J]. 财经科学, 2017 (5): 93 – 103.

[128] 张川川, 贾坤, 杨汝岱. "鬼城"下的蜗居: 收入不平等与房地产泡沫 [J]. 世界经济, 2016, 39 (2): 120 – 141.

[129] 张川川, 马光荣. 宗族文化、男孩偏好与女性发展 [J]. 世界经

济，2017，40（3）：122 – 143.

[130] 张传勇. 房价与收入分配的内生性及其互动关系 [J]. 统计研究，2014，31（1）：63 – 69.

[131] 张冠李. 生命历程理论视角下女性跨省婚姻迁移决策的代际变迁——以杭州市萧山区江滨村"外来媳妇"为例 [J]. 妇女研究论丛，2020（3）：58 – 72.

[132] 张红，李林峻，李维娜. 房价与宏观经济关系的实证检验 [J]. 统计与决策，2017（22）：155 – 158.

[133] 张红历，梁银鹤，杨维琼. 市场潜能、预期收入与跨省人口流动——基于空间计量模型的分析 [J]. 数理统计与管理，2016，35（5）：868 – 880.

[134] 张平，张鹏鹏. 房价、劳动力异质性与产业结构升级 [J]. 当代经济科学，2016，38（2）：87 – 93，127.

[135] 张清源，梁若冰，朱峰. 货币政策加剧城市房价的冷热不均吗 [J]. 统计研究，2018，35（5）：75 – 87.

[136] 张所地，程小燕. 城市创新性特质对房价分化影响的实证研究 [J]. 数理统计与管理，2019，38（1）：105 – 114.

[137] 张所地，范新英. 基于面板分位数回归模型的收入、利率对房价的影响关系研究 [J]. 数理统计与管理，2015，34（6）：1057 – 1065.

[138] 张翼. 中国阶层内婚制的延续 [J]. 中国人口科学，2003（4）：43 – 51.

[139] 张媛媛，曹宗平，王凯风. 城镇化、房价与城乡收入差距——基于 2005 ~ 2015 年省级面板数据的经验研究 [J]. 经济问题探索，2018（4）：26 – 36.

[140] 章逸然，章飚，胡凤英."女大难嫁"还是"男大难婚"——婚姻匹配的男女差异与"剩男剩女"的代价 [J]. 人口与经济，2015（5）：13 – 24.

[141] 赵凯，刘成坤. 住房价格、土地价格与地方政府行为 [J]. 统计研究，2018，35（10）：15 – 27.

[142] 赵文哲，刘思嘉，史宇鹏. 干得好不如嫁得好？——房价变动与居民婚姻观念研究 [J]. 金融研究，2019（9）：94 – 111.

[143] 周华东，周亚虹. 收入差距推动了我国房价上涨吗？[J]. 产业

经济研究，2015（4）：81－90.

［144］周京奎．收入不确定性、公积金约束与住房消费福利——基于中国城市住户调查数据的实证分析［J］．数量经济技术经济研究，2012，29（9）：95－110.

［145］周兴，王晶晶，张东玉．生育需求、婚姻匹配与夫妻初婚年龄差距——来自中国城乡家庭的研究［J］．人口学刊，2017，39（6）：17－26.

［146］周雅玲，肖忠意，于文超．通货膨胀、自有住房与城镇居民主观幸福感［J］．中国经济问题，2017（3）：50－63.

［147］朱孟楠，丁冰茜，闫帅．人民币汇率预期、短期国际资本流动与房价［J］．世界经济研究，2017（7）：17－29.

［148］朱梦冰．婚姻匹配问题研究进展［J］．经济学动态，2017（6）：121－131.

［149］邹静，邓晓军．家庭住房租购选择之谜——基于主客观社会地位的视角［J］．财经论丛，2019（3）：42－53.

［150］Baron R M, Kenny D A. The Moderator-mediator Variable Distinction in Social Psychological Research: Conceptual, Strategic, and Statistical Considerations［J］. Journal of Personality and Social Psychology, 1986, 51 (6): 11-73.

［151］Battu H, Brown H, Costagomes M. Not Always for Richer or Poorer: The Effects of Income Shocks and House Price Changes on Marital Dissolution［A］. 53rd Congress of the European Regional Science Association: "Regional Integration: Europe, the Mediterranean and the World Economy"［C］. Palermo, Italy, 2013: 27-31.

［152］Becker G S. A Treatise on the Family［M］. Harvard University Press, 1981.

［153］Bhaskar V, Hopkins E. Marriage as a Rat Race: Noisy Pre% Marital Investments with Assortative Matching［J］. Sire Discussion Papers, 2011, 124 (4): 561-562.

［154］Chen, C. Why Migrant Workers in China Continue to Build Large Houses in Home Villages: A Case Study of a Migrant-Sending Village in Anhui［J］. Modern China, 2019, 46 (5): 521-554.

［155］Christafore D, Leguizamon S. The Influence of Gay and Lesbian Coupled Households on House Prices in Conservative and Liberal Neighborhoods［J］.

Journal of Urban Economics, 2012, 71 (2): 258 – 267.

[156] Chu, C. Y. C., Lin, J. C., and Tsay, W. J. Males' Housing Wealth and Their Marriage Market Advantage [J]. Journal of Population Economics, 2020, 33 (3): 1005 – 1023.

[157] Crawford V P. Comparative Statics in Matching Markets [J]. Journal of Economic Theory, 1991, 54 (2): 389 – 400.

[158] Dahee K, Peter M. Older Parents' Perceived Social Support and Strain from Adult Children and Intergenerational Financial Transfer [J]. Innovation in Aging, 2019, 3 (S1): 280.

[159] Elhorst J P. Spatial Econometrics [J]. Springerbriefs in Regional Science, 2014, 1 (1): 310 – 330.

[160] Fang L, Tian C H. Housing and Marital Matching: A Signaling Perspective [J]. China Economic Review, 2018 (47): 27 – 46.

[161] Fu, Q., Zhu, Y. S., and Ren, Q. The Downside of Marketization: A Multilevel Analysis of Housing Tenure and Types in Reform-era Urban China [J]. Social Science Research, 2015 (49): 126 – 140.

[162] Gale D S, Shapley L S. College Admissions and the Stability of Marriage [J]. The American Mathematical Monthly, 2013, 120 (5): 386 – 391.

[163] Gan, X. L., Zuo, J., and Chang, R. D. Exploring the Determinants of Migrant Workers' Housing Tenure Choice Towards Public Rental Housing: A Case Study in Chongqing, China [J]. Habitat International, 2016 (58): 118 – 126.

[164] Hayes A F. Beyond Baron and Kenny: Statistical Mediation Analysis in the New Millennium [J]. Communication Monographs, 2009, 76 (4): 408 – 420.

[165] Hiller N, Lerbs O W. Aging and Urban House Prices [J]. Regional Science & Urban Economics, 2016, 60.

[166] Hu C P. How to Make the Decision to Get Married and Settle Down in the Speculative Housing Market [J]. International Journal of Advanced Research in Science, Engineering and Technology, 2017, 4 (4): 3700 – 3707.

[167] Jiang Q, Li X, Li S, et al. China's Marriage Squeeze: A Decomposition into Age and Sex Structure [J]. Social Indicators Research, 2016, 127

（2）：1 – 15.

［168］Kalmijn, M. Assortative Mating by Cultural and Economic Occupational Status ［J］. American Journal of Sociology, 1994, 100 （2）：422 – 552.

［169］Kancheva I R. Gender Role Distribution In Residential Real Estate Family Decision Making ［J］. Network Intelligence Studies, 2017, （10）：123 – 130.

［170］Kang, Jung K, Ma, et al. The Impact of Regional Housing Price on Timing of First Marriage ［J］. Journal of the Korean Regional Development Association, 2017, 29 （2）：97 – 110.

［171］Kim J, Choi S, Chatterjee S, et al. The Motivation for Intergenerational Time and Financial Transfers ［J］. Family & Consumer Sciences Research Journal, 2012, 40 （4）：373 – 397.

［172］Kim M J, Chun H J. A Study on the Effect of the Aging Population on the Housing Market ［J］. Journal of Marine Science & Technology, 2014, 20 （3）：467 – 474.

［173］Klein J. House Price Shocks and Individual Divorce Risk in the United States ［J］. Journal of Family & Economic Issues, 2017, 38 （4）：1 – 22.

［174］Kley, S. , and Stenpass, A. Intergenerational Transmission of Housing Choice：The Relevance of Green Spaces for Moving into a Family House Across Social Class ［J］. Population Space and Place, 2020, 26 （2）：1 – 15.

［175］Koenker R, Bassett G. Regression quantile ［J］. Econometrica, 1978 （46）：33 – 50.

［176］Kooijman S A L M. Some Remarks on the Statistical Analysis of Grids Especially with Respect to Ecology ［M］. Springer US, 1976.

［177］Kuroki M. Imbalanced Sex Ratios and Housing Prices in the U. S ［J］. Growth and Change, 2019, 50 （4）：1441 – 1459.

［178］Lesage J P, Pace R K. Spatial Econometric Modeling of Origin-destination flows ［J］. Journal of Regional Science, 2008, 48 （5）：941 – 967.

［179］Malmberg B, Bloom D E, Souspoza A. Low Fertility and the Housing Market：Evidence from Swedish Regional Data ［J］. European Journal of Population, 2010, 26 （2）：229 – 244.

［180］Muller D, Judd C M, Yzerbyt V Y. When Moderation is Mediated and Mediation is Moderated ［J］. Journal of Personality and Social Psychology,

2006, 89 (6): 852 -863.

[181] Norton E C, Nicholas L H, Huang S H. Informal Care and Inter-vivos Transfers: Results from the National Longitudinal Survey of Mature Women [J]. The BE Journal of Economic Analysis & Policy, 2014, 14 (2): 377 -400.

[182] Ohtake F, Shintani M. The Effect of Demographics on the Japanese Housing Market [J]. Regional Science & Urban Economics, 1996, 26 (2): 189 -201.

[183] Park S, Park S W, Kim H, et al. The Dynamic Effect of Population Ageing on House Prices: Evidence from Korea [J]. Pacific Rim Property Research Journal, 2017, 23 (2): 1 -18.

[184] Preacher K J, Hayes A F. Asymptotic and Resampling Strategies for Assessing and Comparing Indirect Effects in Multiple Mediator Models [J]. Behavior Research Methods, 2008, 40 (3): 879 -891.

[185] Quashie N T. Who Supports Whom? Gender and Intergenerational Transfers in Post - Industrial Barbados [J]. Journal of Cross Cultural Gerontology, 2015, 30 (2): 189 -216.

[186] Roth A E. and M. Sotomayor. Two-sided Matching: A Study in Game-theoretic Modeling and Analysis Econometric Society Mono-graph Series [M]. Cambridge: Cambridge University Press, 1990.

[187] Straczkowski L, Suszynska K. Housing Situation of Young Married Couples in the Light of the Local Housing Market Research [J]. Actual Problems of Economics, 2012 (133): 209 -220.

[188] Wang, Y. N., and Otsuki, T. Do Institutional Factors Influence Housing Decision of Young Generation in Urban China: Based on a Study on Determinants of Residential Choice in Beijing [J]. Habitat International, 2015, 49: 508 -515.

[189] Wei S J, Zhang X. The Competitive Saving Motive: Evidence From Rising Sex Ratios and Savings Rates in China [J]. Journal of Political Economy, 2011, 119 (3): 511 -564.